個人投資家もマネできる 世界の 裕層がお金を增やしている方法

大是文化

25萬就要開始
全球投資

日本牛津俱樂部（The Oxford Club Japan）
首席策略師

志村暢彥 ◎著　李貞慧 ◎譯

U0021040

CONTENTS

CHAPTER 1　擺脫近鄉偏好，賺遍全世界　023

美國掀起的全球投資熱 025／是投資，也是分散風險 027／全球企業市值排名前 50 的企業 034／受惠於美國活力的全球股票 047／持有以美元計價的資產 048／語言不通也沒有關係 052

CHAPTER 2　布局全球的行動準則　055

複利，人類最偉大的發明 057／分散類股、議題、時機 063

CHAPTER 3 全球投資人的共同語言 083

CHAPTER 4 金字塔型累積資產計畫 121

推薦序一

用實務角度，
廣泛介紹理財知識

《我畢業五年，用 ETF 賺到 400 萬》作者／蔡至誠

義大利科學家伽利略‧伽利萊（Galilei Galileo）曾說過：「自然界沒有一樣東西能保持永久性。」金融市場也是如此。

日本在 1980 年代後半的泡沫經濟期間，被吹捧為「世界第一」（Japan as Number One），其人民也自豪日本是僅次於美國的全球第二大經濟體。

在泡沫經濟極盛期的 1989 年，全球市值排名前十大的企業中，日本企業就占了 7 家。但如果此時你只投資日本股市，迎接你的將是長達三十多年的套牢，因為在 2022 年的前十大企業中，已經沒有一家是日本企業，而日本企業市值排名最高的豐田汽車（TOYOTA），也不過名列第 31 名，日本的世界競爭

力排名也從第 1 名跌出 30 名外。

　　只投資自己熟悉的區域，加上國家、企業的衰敗，對個人理財而言將是一場災難，這也是全球投資的理念起源。

　　本書作者志村暢彥，於 1997 年起投身金融界，以大型專業機構投資人的身分，負責市場交易操作、市場系統設計，曾經在東京與倫敦擔任過基金經理人，負責主動式管理全球股票型基金，這些經歷都讓本書更具可信度。

　　他從日本專業投資者的角度，跟讀者分享處於高通膨時期的國家，可以透過全球投資，對抗通貨膨脹與匯率貶值的雙重打擊，也因曾擔任基金經理人，所以對各種投資策略了然於心，並在書中整理了全球投資七大原則（見第 2 章及第 3 章）。

　　這七大原則可歸結為兩大類：一為投資的核心知識，如長期投資、分散投資、估值概念、三大金融理論，搭配易懂的文字與圖表幫助吸收；二為實務操作技巧，如「金字塔型累積資產計畫」，與升級版的投資手法（如選擇權、股息再投資、新創事業等），這些實務技巧值得讀者作為借鏡，擴大自己在金融投資的視野。

　　其中讓我印象最深刻的，便是金字塔型累積資產計畫，作者用不同程度的風險與報酬，堆疊出金字塔型的投資組合，讓讀者用不同風險等級區分投資部位，建立自己的策略。

　　除了保守型的 ETF（Exchange-traded Fund 的縮寫，即指數股票型基金）與機器人理財外，作者另有列舉超積極型投資，其中我有採用的方法是創業投資。投資自己看好的新創公司，雖然風險高，但只要做好資金控管，帶來的成績也相對可觀。

　　讀者無須擔心這些進階策略的高風險就一味否定，毒理學之父帕拉塞爾斯（Paracelsus）有句名言：「劑量決定毒性。」風險取決於我們暴露的程度，因誤解而**誤用工具，反而會帶來更大的危害。**

　　本書最大的特點在於用實務角度，廣泛介紹各種理財知識，同時結合作者的投資策略，便於讀者參考。

　　我們每個人都有不同的投資機遇，本書能在我們投資 ETF 之餘，充實金融知識，讓我們有能力去識別風險、把握機會，最終實現我們的財務目標。

推薦序二

小資族也能操作全球股市

《單親雙寶媽買美股,每月加薪 3 萬》作者／Donna

　　我經常辦理未來人生規畫相關的講座課程,學生總會於課後提問:「如果社會新鮮人每個月只能存新臺幣 5,000 元,要怎麼投資?」、「要投資台股好?還是美股?」、「小資族要怎麼做資產配置?」等問題,若是這本書早點問世,我便可以向學生們推薦此書,因為這些問題,在本書中皆可獲得解答。

　　很多時候大家都會想,「我不懂英文,所以投資台股就好」,或「我是臺灣人,當然投資台股啊」,並不是說台股或日股不好,但誠如我的個人著作《單親雙寶媽買美股,每月加薪 3 萬》(大是文化出版)中所提及,現在全球經濟動脈是「美國打噴嚏、全球跟著動」,而本書不論在第一章或第三章也都一再強調,關

注美國總體經濟動向非常重要,因此投資全球股市,美股占比必不可少!在投資上應撤除「近鄉偏好」,勇於轉戰全球股市,這是目前許多的投資趨勢。

　　對於資產配置,本書提及的概念很適合大家參考,並依此規畫資產;對於小資族來說,就是要效法富人思維,在前往準富豪路上的我們,須審視自己的花費,將錢省下來成為本金,不斷透過操作壯大資產,才是王道。所以我常會告訴學生們,每個月存 5,000 元,每 3 個月就有 15,000 元,再匯入美股帳戶中進行策略性操作,積少成多,股神華倫‧巴菲特(Warren Buffett)也在做的複利效應,以及美股券商都有的股息再投入(DRIP)計畫,慢慢走向金字塔頂端。萬不可因小錢而任意揮霍,到最後成了社會常見的「躺平族」,那就不好了!

　　正所謂「英雄所見略同」,本書同樣提及「選擇權交易是僅次於現金收入與資本利得的第三種獲利來源」,我也相當認同這部分。

　　不管是台股或者其他國家股市,往往僅能透過價差及股息獲利,但在美股中,還有第三種獲利來源──選擇權的權利金獲利,這是讓資產大躍進、提高年均投資

報酬率的方法，非常建議各位可以多了解選擇權的概念與操作方式。

感謝大是文化出版社的邀約，讓我能提前接觸這本好書。本書許多核心概念都能適用於投資入門者或小資族。本書作者與諸多投資大神相同，都想暖心提醒大家，在高通膨的社會化來臨時代，唯有投資，才是擺脫貧窮的解方。

投資世界廣闊無涯，還能藉此認識全球，讓生活變更好，何樂而不為？只要資產有 25 萬元，就可以與全球投資人走在成為富豪的道路上。不論是小資族，或是已有資產的你，都非常適合好好閱讀本書，以精進自我，在此誠心推薦！

前言

布局全球，是一種趨勢

　　相較於幾年前，股票投資在日本，已經不再是遙不可及的投資方法。不只是日股，受到近年來美股熱潮的影響，越來越多散戶也開始投資美股。然而股市環境瞬息萬變，特別是為數不少的「富豪」投資人，他們會及時因應變化，加速國際化（投資全球），不會固守日股或美股。

　　這也是**本書要談的主題，不專注於日股或美股，而是投資全球股票。將以歐洲、印度、南美等地為根據地的優良全球企業，也納入投資標的**。即便是只有網路證券公司帳戶的散戶，也可以投資全球股票。

　　當然，以現今的投資環境來說，美股還是不容忽視的市場，因為美國的上市公司市值合計，可是斷層般的全球第一。因此本書將廣泛投資全世界股票，包含美股與其他股票在內的全新投資形態，稱為「**全球投資**」。

高通膨時代，更要布局全球

日本的通膨趨勢也越來越明顯。

1991 年泡沫經濟崩壞後，日本一直處於物價持續下滑的「通貨緊縮（簡稱通縮）惡性循環」。換個角度來看，也可以說是因為生產力提升，物品價格才能持續下降。

先不管大家如何評價日本的通縮，事實上，因為商品與服務的價格下滑，企業營收無法成長、薪水不增、消費者心態消極……這 30 年間，日本一直無法擺脫這種惡性循環。

而這樣的日本，如今也面臨物價上漲的情況。食品、能源必須仰賴進口，卻因為價格高漲與日圓貶值，導致進口成本增加。從通縮變通膨，這可說是由前日本銀行黑田東彥總裁主導，以物價上漲 2% 為通貨膨脹目標的金融政策影響。

然而，現在這種通膨越來越像是伴隨著景氣衰退的停滯性通膨（stagflation）──企業業績無法成長、需求不增、薪資停滯的惡性通膨。

這裡我要強調的是，**深陷通膨與日圓貶值的散戶，**

更要布局全球投資。

效法富豪，一起投資全球吧

有些人提早掌握到這種狀況，加速投資全球，這些人就是日益增加的富豪。

富豪的定義有很多種，本書定義是，淨金融資產100 萬美元（按：全書美元兌新臺幣之匯率，皆以臺灣銀行在 2024 年 1 月公告之均價 30.98 元為準，約新臺幣 30,977,500 元）以上的人。

根據瑞士信貸銀行（Credit Suisse）公布的「2021 年全球財富報告」（Global Wealth Report 2021）顯示，2020 年，全球資產超過 100 萬美元者達 2,200 萬人，其中美國人最多，占全球 39.1％。

第二名是中國人，占全球 9.4％，第三名則是日本人，占全球 6.6％。換言之，日本的有錢人是全球第三多。根據野村總合研究所資料顯示，資產達 1 億日圓（按：全書日圓兌新臺幣之匯率，皆以臺灣銀行在 2024 年 1 月公告之均價 0.22 元為準，約新臺幣 21,730,742 元）以上的富豪約有 133 萬戶（見第 16 頁圖表 0-1）。

圖表 0-1　日本各階層資產規模與戶數

階層分類 （家戶資產金額）	資產總額 （戶數）
超級富豪 （5 億日圓以上）	97 兆日圓 （8.7 萬戶）
富豪 （1 億日圓以上， 未滿 5 億日圓）	236 兆日圓 （124.0 萬戶）
準富豪 （5,000 萬日圓以上 未滿 1 億日圓）	255 兆日圓 （341.8 萬戶）
富裕大眾階層 （3,000 萬日圓以上， 未滿 5,000 萬日圓）	310 兆日圓 （712.1 萬戶）
一般大眾階層 （未滿 3,000 萬 日圓）	656 兆日圓 （4215.7 萬戶）

* 　根據日本國稅廳「國稅廳統計年報」、總務省「全國消費實態調查」、厚生勞動省「人口動態調查」、國立社會保障人口問題研究所「日本家戶數的未來推估」、東證東證股價指數（TOPIX），及「NRI 生活社 1 萬人問卷調查（金融篇）」、「NRI 富豪問卷調查」等，由野村總合研究所推估。

其中我最常往來的日益增加的富豪，他們在二十至四十多歲時創業，等事業有成、累積財富後，打算在四十多歲後享受 FIRE（Financial Independence, Retire Early，財務獨立、提早退休）生活，對他們來說，全球投資是一種常識。

寫到這裡，可能有讀者覺得「布局全球是富豪的權利，與自己無關」。不過，**不管是上班族、公務員、自營業者，或有本業的兼職散戶也能辦到**，甚至應該說，**正因在通膨與匯率貶值的雙重打擊下，才要全球投資，分散風險。**

近年來越來越多日本散戶，利用 SBI 證券與樂天證券等網路證券公司投資美股，而且人數快速增加，其實，以美國以外的國家地區為據點的部分全球股票，會在美國存託憑證（American Depository Receipts，簡稱 ADR，按：允許投資人在美國證券交易所中交易非美國公司股票的憑證）市場上市，投資人可以在網路證券公司輕鬆下單投資，就像買賣美股一樣。

除了網路證券公司，投資人也可以在實體券商買賣各國股票。順帶一提，所謂美國存託憑證，是指其他國家企業所發行的股票，作為在美國發行的有價證券的憑

證。美國存託憑證雖然不是股票本身，但投資人的權利與一般股票基本相同。

再者，不同於買賣單位為 **100** 股的日股，**全球股票原則上可以只買 1 股**，舉例來說，我推薦的標的空中巴士公司（EADSY），1 股大約 43.04 美元，德國的慕尼黑再保險（MURGY）1 股大約 46.98 美元（截至 2024 年 3 月 7 日止）。如果是愛喝酒的人，少喝一次酒，就可以投資了。

日本富豪紛紛選擇海外投資

接下來我簡單的做個自我介紹。

我自 1997 年起投身金融界。最早我以大型專業機構投資人的身分，負責市場交易操作、市場系統設計，而後在大型資產管理公司負責為日本國內外年金、基金，提供全球股票、匯率交易服務。我在東京與倫敦擔任過基金經理人，負責主動式管理全球股票型基金。

大家應該可以由此了解，長久以來我在全球股票交易市場第一線。2013年我自立門戶，為包含富豪在內的散戶提供投資全球服務，以及協助企業的投資人關係

（Investors Relation，簡稱 IR）管理活動。另一方面，我也擔任日本牛津俱樂部（The Oxford Club Japan，按：專門提供付費市場趨勢及投資建議之機構）首席策略師。

擁有以上經歷，我有許多機會協助日益增加的富豪布局國際。根據這些經驗，我才決定執筆撰寫本書，向**一般大眾解說富豪們正在實踐的投資全球手法。**

我的公司以馬來西亞為據點，之所以在馬來西亞開公司，是因為我認為比起限制重重的日本，馬來西亞的商業與投資環境更好。

日本日益增加的富豪，也有不少人覺得，「日本的食物好吃，環境安全又乾淨，適合居住，但總覺得綁手

小知識

在臺灣買美股可透過「複委託」或「海外券商」。

● 複委託：國內券商接受投資人下單後，再向海外券商委託買賣。

● 海外券商：投資人直接開通海外券商帳戶，以美國券商的帳戶下單，不須再透過臺灣券商。

綁腳」。日本還留有村落社會的保守意識，不僅不能跟別人不一樣，而且還留有「棒打出頭鳥」的觀念。

創業致富的人日益增加，在他們之中，不少人都有被自己信賴的人出賣的痛苦經驗。在資產運用方面，他們認為有必要將投資轉到海外，早已放棄日本市場。

2010 年代初期，一些富豪覺得日本教育系統與稅制等有問題，紛紛加速移居新加坡等海外據點。一時之間，出現許多「富豪考慮逃離日本」的報導。之後全球各國都開始祭出對策，要將本國富豪留在自己國內，主要應該是考量到稅收吧。

日本也自 2014 年開始，祭出「國外財產報告書制度」，個人海外財產超過 5,000 萬日圓，有申報財產內容的義務。

2019 年資料顯示，申報件數已達 10,652 件（總財產金額 4 兆 2,554 億日圓），再加上自 2017 年起，日本國稅局還成立了「重點管理富豪專案小組」，以掌握富豪的投資活動等資訊，結果大多數富豪就算想轉移據點到海外，也不得不留在日本，但我想今後他們還是會加強投資全球這一塊。

本書解說現今通行的全球投資方式，如果能因此協

助各位撐過通膨與匯率貶值，藉此累積財產，將是我最高興的事。

小知識

　　根據臺灣財政部稅務入口網，綜合所得稅節稅手冊資料顯示，申報戶全年海外所得達新臺幣 100 萬元，將列入基本所得額。

　　另，基本所得超過 670 萬元者，先扣除 670 萬元後，再就其餘額按 20% 稅率計算基本稅額：

基本稅額＝（基本所得額－670 萬）× 20%

　　若一般所得稅額≧基本稅額：無須繳納基本稅額。

　　基本稅額＞一般所得稅額，則：

應繳納之基本稅額＝基本稅額－一般所得稅額－海外已納稅額扣抵金額

　　一般所得稅額＝綜合所得稅應納稅額＋選擇股利及盈餘分開計稅應納稅額－投資抵減稅額。

CHAPTER 1

擺脫近鄉偏好，
賺遍全世界

　　只要是人，難免會特別傾向自己的母國，投資時也一樣，這種投資傾向被稱為「近鄉偏好」（Home Bias），是行為經濟學中的概念，指投資母國以外的市場容易顧慮太多，導致比較偏好操作自己國家的股市。

　　資產運用的鐵則，就是要先仔細了解金融商品的特性與風險，從這一點來看，投資自己國家的股市，較容易了解商品特性和風險，因此會有近鄉偏好也很正常。連積極投資的美國人（日本銀行「資金循環統計」顯示，股票等投資占個人金融資產的比例，日本人只有10％，美國人則高達 37.8％），也有近鄉偏好，但他們也都開始轉戰全球股市。我認識一位資深美國分析師，他在 2021 年底時告訴我：「我提高了全球股票的投資占比。」

美國掀起的全球投資熱

　　我們先來回顧一下投資全球的歷史脈絡吧。

　　美國興起全球投資熱，是在已故的雷根（Ronald Wilson Reagan）總統的時代——美國苦於雙赤字的 1980 年代。雙赤字是指經常帳赤字（對外貿易逆差）和政府

財政赤字。當時雙赤字的原因，主要是源自雷根經濟學的大規模減稅經濟政策，與當時美蘇冷戰，國防費用居高不下等關係。

當一個國家處於雙赤字，為了填補財政缺口，便會透過高利率政策，吸引海外資金，將國債賣給海外，促成美元升值，美國國內產業喪失國際競爭力，出口減少、進口增加，導致經常帳餘額惡化，陷入惡性循環。

因此，1985 年在美國主導下，五大工業國（美國、日本、西德、法國及英國）簽訂《廣場協議》（*Plaza Accord*），誘導美元貶值，但 1986 年，美國對外債務超過對外資產，成為一個債務國。

長期處於雙赤字狀態，可能導致美國經濟衰退。為了保護資產，散戶之間也興起國際化投資，包含買賣全球股票，取代只操作美股的做法。之後，美國領先全球，充分活用網際網路，成功 IT（Information Technology 的縮寫，即資訊科技）化與全球化。而泡沫經濟破滅後，日本經濟一路下滑，持續衰退，美國卻把日本遠遠拋在腦後，自 1991 年 3 月起，近 9 年的時間裡，美國經濟創造出二次大戰後期間最長的無通膨成長。

雖然依舊面臨雙赤字危機，但是高經濟成長率，依

然為美國奠定了全球唯一超大國的地位。經過這一段輝煌歲月，進入 2000 年代，美國投資人也暫時忘記要投資全球。

是投資，也是分散風險

時至今日，美國人之所以再度注意到投資全球的重要，有兩大主因。

第一，因為美股股價長期處於高檔，已達到股價超越公司實力的泡沫狀態，市場越來越擔心泡沫破裂、股價暴跌。

2022 年 4 月股市指標，標準普爾 500 指數（S&P 500）和那斯達克綜合指數（NASDAQ Composite），都不斷經歷開年新低、股價下跌現象。

小知識

- 《廣場協議》：目的在於聯合干預外匯市場，使美元對日圓等主要貨幣有秩序性的貶值，以解決美國巨額貿易赤字。

標普 500 的成分股約 500 檔個股，這 500 檔個股的市值，合計占美股市值約八成。那斯達克綜合指數的成分股為，在那斯達克電子交易市場上市，超過 3,000 檔以高科技股為主的個股，其中包含超大型 IT 企業 GAFAM（指 Google 的持股公司 Alphabet〔GOOG〕、蘋果公司〔AAPL〕、Facebook，現為 Meta〔FB〕、Amazon 公司〔AMZN〕、微軟〔MSFT〕），市值占比極高。

此時的股價下跌是暫時性，還是真正崩盤的序幕，我在執筆本書時還未見分曉。不過，因為對美股過熱而心生警戒的投資人越來越多，也催生出關心全球股票的熱潮。

另一個主要因素，在於美國金融政策的轉變。新冠疫情期間，美國聯準會（聯邦準備理事會，相當於美國中央銀行）持續撒錢救市，後因擔心通膨等問題，領先全球改弦易轍，祭出緊縮貨幣政策。

美國在 2022 年，調高長期利率、分階段壓縮持有的國債等金融資產，以縮小量化寬鬆的規模（Tapering）。2022 年 6 月更決定升息兩碼（0.75％），創下 1994 年 11 月以來最高升息幅度。誰知道在同年 7 月及 9 月，聯準會決定各升息三碼，成為舉世矚目的話題。

序中也提到，過去在利率看漲時，美國股價也會跟風漲，但這次的連續大幅升息，卻未能有效抑制通膨，萬一景氣急轉直下，很可能導致美股崩盤。除此之外，擔憂烏俄戰爭長期化，以及中國為了杜絕新冠疫情蔓延，而祭出的「清零政策」，可能拖垮全球經濟成長等，也是讓原本對美股投資一邊倒的投資人改變心意的因素之一。

對美國人來說，既然要投資美股以外的股票，會選擇全球第三大經濟體的日股很正常，可是，現在有志投資全球股票的美國人，並不再像過去一樣，把日股列入投資標的。為什麼？

前面提到近鄉偏好，各國人民都有這個傾向，不知是否因為日本是島國，或是有語言隔閡，日本人的近鄉偏好尤其明顯。日本人買日股、持有國內不動產，或持有日圓計價資產的比例很高，然而最近這種趨勢也開始有所改變。

其中最顯著的變化發生在股市中，特別是多數富豪，他們把重心放在國際化投資，日股則是適可而止，會造成這種現象，很大一部分是因為日本國力低落。

日本在 1980 年代後半泡沫經濟期間，廣受吹捧

「日本世界第一」（Japan as Number One），日本人也自豪日本是僅次於美國的全球第二大經濟體。

在泡沫經濟極盛期的 1989 年，全球市值排名前十大的企業中，日本企業就占了七家（第一名是日本電信電話〔NTT，9432〕，見右頁圖表 1-1）。可是到了 2022 年前十大的企業中，竟然沒有一家是日本企業，日本企業市值排名最高的豐田汽車（7203），也不過名列第 31 名（見第 35 頁圖表 1-2）。

1991 年泡沫經濟破滅後的「失落的 30 年」間，日本的國際地位一路走下坡。現在日本的國內生產毛額（Gross Domestic Product，簡稱 GDP）甚至被中國超越，落居全球第三名（見第 40 頁圖表 1-4）。2012 年到 2021 年的 10 年間，日本的 GDP 只成長了 1.1 倍。人均 GDP 則在七大工業國組織（G7，按：為美國、加拿大、英國、法國、德國、日本及義大利）中，和義大利競爭最後一名。

而且日本的薪資水準，在泡沫經濟破滅後約 30 年間幾乎未調漲。經濟合作暨發展組織（OECD）資料顯示，2020 年日本平均薪資，相較 1990 年只成長了 4％。這段期間韓國、英國、法國、瑞典、愛爾蘭等國

圖表 1-1 　1989 年全球企業市值排名前 50

排名	企業名稱	市值 （億美元）	業種	國家
1	日本電信電話	1,638.6	IT 通訊	日本
2	日本興業銀行	715.9	金融	日本
3	住友銀行	695.9	金融	日本
4	富士銀行	670.8	金融	日本
5	第一勸業銀行	660.9	金融	日本
6	國際商業機器公司 （IBMI）	646.5	IT 通訊	美國
7	三菱銀行	592.7	金融	日本
8	埃克森美孚（Exxon）	549.2	能源	美國
9	東京電力	544.6	能源	日本
10	荷蘭皇家殼牌（Royal Dutch Shell）	543.6	能源	英國
11	豐田汽車	541.7	一般消費品	日本
12	奇異公司（General Electric）	493.6	工業	美國
13	三和銀行	492.9	金融	日本
14	野村證券	444.4	金融	日本
15	新日本製鐵	414.8	工業	日本

（接下頁）

排名	企業名稱	市值 （億美元）	業種	國家
16	AT&T	381.2	IT 通訊	美國
17	日立製作所	358.2	IT 通訊	日本
18	松下電器	357.0	一般消費品	日本
19	菲利普莫里斯（Philip Morris）	321.4	一般消費品	美國
20	東芝	309.1	IT 通訊	日本
21	關西電力	308.9	能源	日本
22	日本長期信用銀行	308.5	金融	日本
23	東海銀行	305.4	金融	日本
24	三井銀行	296.9	金融	日本
25	默克（Merck）	275.2	醫療相關	德國
26	日產汽車	269.8	一般消費品	日本
27	三菱重工	266.5	工業	日本
28	杜邦公司（DuPont）	260.8	原材料	美國
29	通用汽車（General Motors）	252.5	一般消費品	美國
30	三菱信託銀行	246.7	金融	日本
31	英國電信集團（BT Group）	242.9	IT 通訊	英國
32	南方貝爾（Bellsouth）	241.7	IT 通訊	美國

（接下頁）

排名	企業名稱	市值 （億美元）	業種	國家
33	BP	241.5	能源	英國
34	福特汽車（Ford Motor）	239.3	一般消費品	美國
35	Amoco	229.3	能源	美國
36	東京銀行	224.6	金融	日本
37	中部電力	219.7	能源	日本
38	住友信託銀行	218.7	金融	日本
39	可口可樂（Coca-Cola）	215.0	一般消費品	美國
40	沃爾瑪（Walmart）	214.9	服務	美國
41	三菱地所	214.5	不動產	日本
42	川崎製鐵	213.0	工業	日本
43	美孚石油（Mobil）	211.5	能源	美國
44	東京瓦斯	211.3	能源	日本
45	東京海上火災保險	209.1	金融	日本
46	日本放送協會（NHK）	201.5	服務	日本
47	美國機車公司（American Locomotive）	196.3	原材料	美國
48	日本電氣	196.1	IT 通訊	日本
49	大和證券	191.1	金融	日本
50	旭硝子	190.5	原材料	日本

紛紛超越日本，在 34 個國家中，日本已落居第 24 名。

世界競爭力排名，過去日本也曾高居第一，現在則和 2020 年一樣，在 63 個國家中屈居第 34 名，是有史以來最差的名次，在亞洲國家中排名第 10（根據全球知名的國際管理發展學院〔International Institute for Management Development，簡稱 IMD〕公布的資料，見第 39 頁圖表 1-3）。今後隨著少子高齡化，國力衰退恐怕雪上加霜。

到了 2050 年左右，預估日本總人口將跌破 1 億，也有人預計 2020 年超過 7,400 萬人的 15 歲～64 歲工作年齡人口，到了 2040 年會跌破 6,000 萬人。工作人口減少，GDP 自然會衰退，日本前景堪虞。

2022 年上映的 NHK 科幻電視劇《17 歲的帝國》中，描述日本被全球貼上夕陽國家「日落的日本」烙印，被 G7 除名的近未來樣貌，一時蔚為話題。在不久的將來，這些說不定都將成為現實。

全球企業市值排名前 50 的企業

本書所謂的投資，是指中長期持有，而非短線交

圖表 1-2　2022 年全球企業市值排名前 50

排名	企業名稱	市值（億美元）	業種	國家
1	蘋果	28,281.9	IT 通訊	美國
2	微軟	23,584.4	IT 通訊	美國
3	沙烏地阿美（Saudi Aramco）	18,868.9	能源	沙烏地阿拉伯
4	Alphabet	18,214.5	IT 通訊	美國
5	亞馬遜（Amazon.com）	16,352.9	服務	美國
6	特斯拉（Tesla）	10,310.6	一般消費品	美國
7	Meta	9,266.8	IT 通訊	美國
8	波克夏・海瑟威（Berkshire Hathaway）	7,146.8	金融	美國
9	輝達（NVIDIA）	6,817.1	IT 通訊	美國
10	台積電	5,945.8	IT 通訊	臺灣
11	騰訊	5,465.0	IT 通訊	中國
12	摩根大通（JPMorgan Chase）	4,940.0	金融	美國
13	Visa	4,587.8	金融	美國
14	嬌生（Johnson & Johnson）	4,579.2	一般消費品	美國

（接下頁）

排名	企業名稱	市值（億美元）	業種	國家
15	三星（Samsung Electronics）	4,472.9	IT 通訊	韓國
16	聯合健康保險（UnitedHealth Group）	4,320.0	金融	美國
17	LVMH 集團（LVMH Moet Hennessy Louis Vuitton）	4,134.3	一般消費品	法國
18	家得寶（Home Depot）	4,117.1	服務	美國
19	美國銀行（Bank of America）	4,053.0	金融	美國
20	沃爾瑪	4,025.0	服務	美國
21	寶僑（Procter & Gamble）	3,938.2	一般消費品	美國
22	貴州茅台	3,835.0	一般消費品	中國
23	雀巢（Nestle）	3,762.6	一般消費品	瑞士
24	萬事達卡（Mastercard）	3,637.3	金融	美國
25	阿里巴巴集團	3,589.0	IT 通訊	中國
26	羅氏（Roche Holding）	3,535.1	醫療相關	瑞士
27	艾司摩爾（ASML Holding）	3,174.8	半導體	荷蘭

（接下頁）

排名	企業名稱	市值（億美元）	業種	國家
28	輝瑞（Pfizer）	3,126.4	醫療相關	美國
29	埃克森美孚	2,916.0	能源	美國
30	華特迪士尼公司（Walt Disney）	2,810.9	服務	美國
31	豐田汽車	2,807.5	一般消費品	日本
32	中國工商銀行	2,673.0	金融	中國
33	萊雅（L'Oreal）	2,618.8	一般消費品	法國
34	可口可樂	2,605.6	一般消費品	美國
35	思科系統（Cisco Systems）	2,577.8	IT 通訊	美國
36	博通（Broadcom）	2,557.0	IT 通訊	美國
37	耐吉（Nike）	2,484.8	一般消費品	美國
38	禮來（Eli Lilly and Company）	2,482.3	醫療相關	美國
39	Adobe	2,429.9	IT 通訊	美國
40	中國建設銀行	2,425.1	金融	中國
41	雪佛龍（Chevon）	2,410.1	能源	美國
42	百事公司（Pepsico）	2,407.5	一般消費品	美國

（接下頁）

排名	企業名稱	市值（億美元）	業種	國家
43	亞培（Abbott Laboratories）	2,397.0	醫療相關	美國
44	網飛（Netflix）	2,396.6	服務	美國
45	賽默飛世爾科技（Thermo Fisher Scientific）	2,392.1	醫療相關	美國
46	艾伯維（Abbvie）	2,384.4	醫療相關	美國
47	好市多（Costco Wholesale）	2,377.6	服務	美國
48	埃森哲（Accenture）	2,345.3	服務	愛爾蘭
49	甲骨文公司（Oracle）	2,337.3	IT 通訊	美國
50	諾和諾德（Novo Nordisk）	2,323.8	醫療相關	丹麥

註1：1989 年資料，參照鑽石社公司資料。https://diamond.jp/articles/-/177641?page=2

註2：2022 年資料參照Wright Inmestors' Service, Inc（https://www.corporateinformation.com/Top-100.aspx?topcase=b#/tophundred，截至 2022 年 1 月 14 日。）

註3：業種係根據日本經濟產業省「業種分類表」（https://www.meti.go.jp/statistics/tyo/kaigaizi/result/pdf/bunrui_48.pdf）由 STARTUP DB 獨家定義編製。

註4：國家係指公司註冊成立之所在國。

圖表 1-3　世界競爭力排名，日本已經跌出 30 名

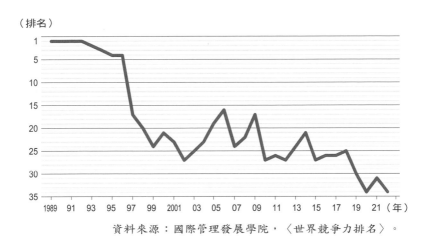

資料來源：國際管理發展學院，〈世界競爭力排名〉。

易。全球投資人在中長期投資的前提下，對日股的評價
也反應出日本國力衰弱的事實。我雖然長期布局全球股
票，但也知道自己有近鄉偏好。

　　我希望能發掘出在世界經濟舞臺上占有一席之地，
且受到國際投資人正面評價而價格上漲的日股，但老實
說，站在長期累積資產的觀點，我很難找到可以推薦
給大家的日股。2020 年，光是 GAFAM 五家公司的市
值，就已經超越當時在東證一部上市的 2,170 家公司總

圖表 1-4　全球 GDP 排名（2022 年）

排名	國家	單位（100 萬美元）
第 1 名	美國	25,346,805
第 2 名	中國	19,911,593
第 3 名	日本	4,912,147
第 4 名	德國	4,256,540
第 5 名	印度	3,534,743
第 6 名	英國	3,376,003
第 7 名	法國	2,936,702
第 8 名	加拿大	2,221,218
第 9 名	義大利	2,058,330
第10名	巴西	1,833,274

資料來源：根據國際貨幣基金組織（IMF）公開資料編製。

市值。

　　為了解整體股價的趨勢，我們來比較一下美國的標普 500、那斯達克綜合指數，和日本的日經股價指數。

　　日經股價指數在 2012 年，安倍經濟學（按：指前日本首相安倍晉三，為了挽救日本的經濟困局，所提出

的一系列政策）之後，止跌轉漲，於 2024 年 2 月 22 日超越泡沫經濟時寫下的最高點紀錄：38,957 點。

相對的，美股已經度過 2009 年金融風暴的深淵，股價創歷史新高。請看第 42 頁圖表 1-5，相較於美股，可以明顯看出日股低迷不振。在股市中，日股已經被投資人當成新興國家的股票，**現在全球投資人對日股幾乎不感興趣**。當然，東證上市企業中，還是有近 50 家公司的外國人持股比率超過 50%（截至 2022 年 9 月），即使如此，全球投資人遠離日本市場，也是不可否認的事實。連美國這種全球股票投資盛行的國家，應該也很少人會覺得日股成長可期，而考慮投資日股吧。

從大多數專業機構投資人當作基準的 MSCI 指數成分股變化，也可以看出這個嚴峻的現實。約 20 年前，其成分股的總市值中，日股占了近10%，現在僅占 6% 左右。日本企業的市值增加速度落後他國，成分股占比一年不如一年，而且陸續有知名企業被剔除。

光是這幾年就有以下日股被 MSCI 除名（見第 44 頁圖表 1-6），這也讓社會大眾擔心日本資金外流的問題。

2020 年：川崎重工業（7012）、尼康（7731）、

圖表 1-5　以 1992 年 8 月 18 日，股價為 100 美元時的價格漲幅

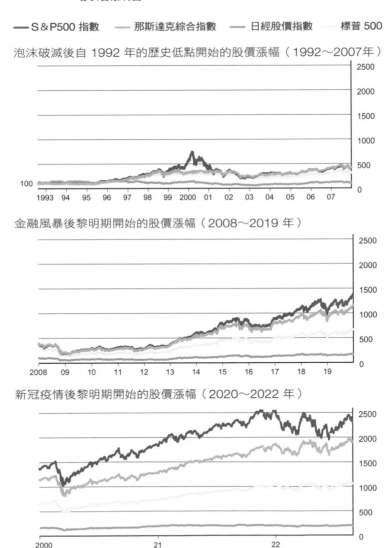

三菱汽車（7211）、Seven 銀行（8410）、電源開發株式會社（9513）等被剔除。

2021 年：中國電力（9504）、九州電力（9508）、新生銀行（8303）、九州旅客鐵道（9142）、帝人（3401）、東急不動產控股（3289）、永旺夢樂城（8905）等被剔除。

2022 年 5 月：Benefit One（2412）、日野汽車（7205）、無印良品（7453）、Mercari（4385）、羅森（2651）、Cosmos 藥品（3349）等被剔除，而且未再新增任何一家日本企業（除名家數全球最多）。

除了被剔除的個股年年增加，外國專業機構投資人，也將資金從日股轉移到全球股票和美股。我也曾聽人說過：「我不懂全球股票和美股，只想投資熟悉的日股」。不過，從中長期來看，這些日股真的還會成長嗎？說不太懂其他股票的人，手裡拿的不是 iPhone？慢跑時穿的難道不是耐吉（NIKE）的厚底慢跑鞋？

工作上用的電腦就算是日本製，電腦裡的 CPU 或者作業系統一定是海外製造。新冠疫情期間接種的疫苗，主要也是由美國輝瑞大藥廠（PFIZER）和德國 BioNTech，或是美國莫德納（moderna）生產。國內外

圖表 1-6　被 MSCI 指數剔除成分股的日股

2020 年 11 月	2021 年 5 月	2021 年 11 月	2022 年 5 月
青空銀行（8304）	永旺夢樂城（8905）	ABC Mart（2670）	Benefit One（2412）
昭和電工（4004）	Air Water Inc（4088）	Acom Co Ltd（8572）	Cosmos 藥品（3349）
住友重機械工業（6302）	阿弗瑞薩控股（2784）	卡西歐（6952）	日野汽車（7205）
三越伊勢丹控股（3099）	天田株式會社（6113）	Harmonic Drive Systems（6324）	關西塗料（4613）
Japan Prime Realty Investment Corp.（8955）	京都銀行（5844）	久光製藥（4530）	羅森（2651）
日揮公司（1963）	卡樂比（2229）	納博特斯克（6268）	獅王（4912）
川崎重工業（7012）	中國電力（9504）	日本火腿（2282）	日本株式會社美迪發路控股（7459）
三菱綜合材料株式會社（5711）	可口可樂裝瓶日本（2579）	NSK（6471）	Mercari（4385）
Mebuki FG（7167）	福岡金融集團股份（8354）	PeptiDream（4587）	三菱瓦斯化學（4182）
尼康（7731）	日本機場大廈（9706）	貝親（7956）	三浦工業（6008）
大賽璐（4202）	京阪控股（9045）	THK（6481）	Orix JREIT（8954）
電源開發株式會社（9513）	京濱急行電鐵（9006）	東邦瓦斯（9533）	Pola Orbis 控股株式會社（4927）
上組（9364）	可樂麗（3405）	東北電力（9506）	林內（5947）
倍樂生（9783）	九州電力（9508）	聯合市區投資法人（8960）	無印良品（7453）
普客二四（4666）	九州旅客鐵道（9142）	山田控股（9831）	參天製藥（4536）
橫濱橡膠（5101）	丸井集團（8252）		綜合警備保障（2331）
	名古屋鐵道（9048）	剔除 15 檔個股推估流出金額約 2,200 億日圓 新增 2 家公司	Stanley 電氣（6923）

2020 年 11 月	2021 年 5 月	2021 年 11 月	2022 年 5 月
住友橡膠工業（5110）	日本特殊陶業株式會（5334）		住友製藥（4506）
捷太格特（6473）	SEGA 颯美控股（6460）		大正製藥控股（4581）
丸一鋼管（5463）	西武控股（9024）		東京 Century（8439）
Seven 銀行（8410）	思夢樂（8227）		東洋水產（2875）
三菱汽車（7211）	新生銀行（8303）		Tsuruha 控股（3391）
剔除 21 檔個股推估流出金額約 1,530 億日圓	Sundrug（9989）		剔除 22 檔個股推估流出金額約 1,000 億日圓
新增 5 家公司	Suzuken Co Ltd（9987）		新增 0 家公司
	太平洋水泥（5233）		
	帝人（3401）		
	Tokyu Fudosan Holdings Corp（3289）		推估流出金額總計約 1 兆 630 億日圓
	豐田合成（7282）		
	山崎麵包（2212）		
	剔除 29 檔個股推估流出金額約 5,900 億日圓。		
	新增 0 家公司		

旅行搭乘的飛機，也是海外生產的產品（大都是歐洲的空中巴士或波音）。

我們只是自以為「不知道、遠在天邊」，其實這些全球企業和美國企業的商品與服務，早就已經滲透到我們的日常生活中。之後我也會再說明，只要你想，蒐集全球股市資訊絕非難事。

我不是叫大家絕對不要買日股，全球舞臺上也有具成長潛力、業績爆發力驚人、股價成長可期的日本企業。換言之，找出披著日股外皮的全球股票，也是投資的樂趣。只要我們放寬視野，將視線對準海外，就可以找到許多有成長力、股價還有上漲空間，值得投資的個股。

小知識

● **MSCI 指數**：是由明晟公司（MSCI）所編製的證券指數，類型包括產業、國家、地區等，範圍涵蓋全球，為歐美基金經理人對全球股市投資的重要參考指數。

受惠於美國活力的全球股票

受到投資人密切關注的全球企業，可說是在美國市場賺大錢，同時又受惠於美國成長活力的個股。

全球股市中，美國股市特別活躍，能有效淘汰與補進企業。例如，在「鋼鐵建國」的時代，美國鋼鐵公司（United States Steel Corporation）就是紐約道瓊工業指數的代表性成分股，但早在很久以前，它就不再是投資人青睞的個股了，道瓊工業指數的成分股一直在改變。

考量到政治和經濟密不可分，我認為美國股市能如此活躍，和美國的總統制也有關。

美國總統最主要的任務，用一句話來說就是「描繪出能促進經濟成長，增加就業機會，帶領國家成長的藍圖」。每次總統換人，就會清除既得利益者，整頓出有利於競爭的商業環境，而無法彈性因應環境變化的企業，只能被迫退出市場，換成有新創意的企業加入。但日本自戰後以來，一直由既得利益者掌權，即使首相換人，也不會有任何改變，這一點和美國截然不同。

日本的商業環境也相對保守，難以孕育出新的競爭對手，當地的有力企業永遠有力，原本應該退出市場的

低生產力企業，仍能在市場占有一席之地，結果造成日本市場無法出現能吸引投資全球人目光的創新企業。

持有以美元計價的資產

隨著日圓、歐元貶值，美元升值，人們也越來越常聽到應該持有多少美元的討論。

在美元升值以前，富豪就已經持有許多美元計價資產。現今這個時代，連資產規模尚稱不上富豪的準富豪們，也開始認真思考持有美元計價資產的必要了，因為如果日圓繼續貶值，持續通膨，其價值勢必縮水。

在日本生活，手邊還是要有日圓，供日常生活使用，不過長期來看，如果預測國力衰弱，日圓將可能進一步貶值，持有大量日圓計價資產的損失會越來越大。

說要持有美元資產，也不是要你把幾捆美鈔放到保險箱，而是**購買以美元計價的全球股票和美股**。現金不會生利息，也沒有股利，購買全球股票和美股，就等於是擁有美元計價的資產，也可以收到股價上漲的利益和股利。

為什麼增加美元計價的資產比較好？因為美元是國

際貨幣，因此不論是通膨還是通縮、不管貶值還是升值，都比其他貨幣更容易維持價值，也可用來作為國際貿易和金融交易交割的貨幣，各國的外匯存底，原則上也是以美元計算。

外匯存底是指各國政府或中央銀行，為因應支付外國等需求，而準備的黃金和外幣的總額。日本的外匯存底僅次於中國，為全球第二高，金額高達約 1 兆 4,058 億美元（截至 2021 年 12 月底）。

以美元為國際貨幣的制度，從 1944 年，美國看準第二次世界大戰後的發展，以可和黃金交換的美元為

小知識

股利分為「現金股利」和「股票股利」。

● **現金股利**：也稱股息，是直接將盈餘以現金形式發放給股東。

● **股票股利**：配給股東股票。

根據中央銀行公布臺灣 2023 年 3 月外匯存底為 5,602.79 億美元，全球排名第 5 名。

基準，建立固定匯率制度「布列敦森林制度」（Bretton Woods System，按：世界上大部分國家，加入以美元作為國際貨幣中心的貨幣制度）以來，近 80 年都沒有改變過。曾經有人認為，未來人民幣可能取代美元的地位，但近年來美元國際貨幣的地位不減反升。

隨著俄羅斯入侵烏克蘭，西方決意對俄羅斯實施經濟制裁，將俄羅斯排除在全球銀行金融電信協會（SWIFT，按：是全球金融機構與其往來銀行的主要通訊通道）之外後，俄羅斯便無法用美元交割，難以進行國際貿易和金融交易往來。

雖然制裁行動仍有漏洞，且從俄羅斯還能持續出口能源到其他國家來看，就知道其效果有限。但若真的可以完全截斷美元供應，想必會給俄羅斯的經濟帶來致命性的打擊，美元就是如此強勢。

購買全球股票或美股還有一個優點：能投資潛力領域，像是原油、天然氣等能源、穀物、軍事、藥品等。日本也有企業進口原油，再精製成汽油銷售，或是直接經營原油或天然氣等能源事業的綜合商社，不過在日本卻無法投資專門開挖原油的企業。

美國是全球最大的原油、天然氣生產國。埃克森美

孚和雪佛龍等企業激烈交鋒、長期成長。除了美國以外，也有殼牌（Shell plc）等有力的全球企業。

在軍事方面，日本國內有三菱電機和三菱重工業等製造廠，也有一些個股在烏克蘭危機（按：指對發生在烏克蘭的一系列示威及軍事衝突的統稱。以 2014 年烏克蘭親歐盟示威作為開端）後，股價一度上漲。然而放眼世界，還有一些規模大幅凌駕三菱電機和三菱重工業的國防軍事企業。例如美國的洛克希德·馬丁（Lockheed Martin）、波音、英國的貝宜系統（BAE Systems plc）等。

日本與國防軍事相關企業的事業，客戶只以日本防衛省為主，但日本的國防預算一年只有 5 兆日圓左右。考慮到安全保障環境的變化，今後日本的國防預算雖然可能增加，但是全球的國防預算總額高達約 300 兆日圓，光美國的國防預算就有 100 兆日圓左右，約是日本的 20 倍。

長久以來，日本都有提升糧食自給率的呼聲，卻遲遲沒有進展。在穀物糧食方面，美國是全球最大的玉米生產國，也是農業化學技術先進的國家。美國阿徹丹尼爾斯米德蘭公司（Archer-Daniels-Midland Company，

簡稱 ADM）為穀物大廠，美國科迪華公司（Corteva）
則是提供種子、肥料、除草劑的知名企業。基因改造
種子龍頭美國孟山都公司（Monsanto Company），則
於 2018 年被醫藥、農藥大廠德國拜耳公司（BAYRY）
併購。

　　在新藥開發領域，日本企業幾乎沒有影響力。開發
出新冠疫苗的藥廠，大多是美國、英國、德國、中國、
俄羅斯公司，日本人接種的新冠疫苗，主要也是美國
輝瑞藥廠，和德國 BioNTech，或是美國莫德納等公司
生產。

語言不通也沒有關係

　　說到投資全球，或許有人會擔心語言問題。

　　目前國際上的共同語言是英語，如果要活用海外的
證券公司布局全球，懂英語確實比較有利，可是如果是
透過日本的網路證券公司，不會也沒關係。

　　全球股票中也有不少公司在日本有分公司，並提供
日文資訊，英美菸草公司（British American Tobacco）
或慕尼黑再保險公司等就是最好的例子，如果你無論如

何就是想取得英語原文資訊，可以多利用 Google 翻譯或 DeepL 翻譯。

懂不懂英語不是重點，關鍵在於能否找出有潛力的全球股票和美股，自己去思考企業業績和股價今後會如何變動，並做出合宜的判斷。覺得自己不會英語，所以無法投資全球股票的人就算拿到非英語的資訊，可能也無法自行判斷應該投資哪檔個股吧。

舉例來說，我關注的美股中，有一家空氣產品公司（Air Products），負責供應工業氣體。所謂工業氣體，指的是除了天然氣等能源瓦斯以外，用於各種產業的氣體，也就是石油精煉、石油化學、金屬、汽車、半導體、食品等大範圍製造品牌所使用的氧氣、氮氣、氬

小知識

● **每股盈餘**：又稱每股收益或每股盈利，是指公開市場上，每股給股東帶來的收益，也是用來衡量企業獲利能力的指標。

每股盈餘＝本期淨利÷已發行股票總數

氣、乙炔等。

這個領域的特色就是參與門檻高，即使原料價格上漲，也容易將上漲的成本轉嫁給顧客，藉此控制成本、提高獲利。截至執筆本書時，空氣產品公司的每股盈餘（EPS）一直維持在高水準，也獲得全球專業機構投資人很高的評價。特別是在現今前景不明的大環境下，這類領域的股票買氣旺盛，價格較容易上漲。

空氣產品公司在工業氣體領域中，全球排名第三，排名第四的公司是一家日本企業——日本酸素控股公司。日本酸素的營收獲利穩步成長，在與產業零碳化相關的氫氣經銷方面，深受全球矚目，但又有多少散戶在關注這家日本酸素的動向？

「我不會英語……。」因為這種理由而猶豫是否投資全球的人，說不定只是用語言藩籬作為藉口，實際上只是想避免投資個股。

抱著這種先入為主的偏見，很難有效率增加資產，要不要先試著從小額開始投資全球個股呢？

CHAPTER

2

布局全球的行動準則

在投資全球之前，必須先告訴大家七大原則，只要遵守這些原則，就可以開心且持續執行，而後掌握住投資訣竅。本章會先說明其中三大原則。

前兩大原則適用於所有股票投資，資深散戶可能會覺得這兩大原則已經聽過很多次，則可以從第三個原則（第 70 頁）讀起。不過，我建議大家可以再復習一次，這些內容連在金融業打滾 25 年的我，都要不斷復習並更新。

複利，人類最偉大的發明

第一個原則，所有散戶都要遵守的大前提──投資股票時，眼光要放遠。

多久才算長期？雖然沒有明確定義，但 10 年期國債就算是長期國債了，所以**本書也將長期投資定義在 10 年以上**。

「我已經不年輕了，現在才開始布局 10 年以上的長期投資太晚了。」各位不用垂頭喪氣，據說股神華倫・巴菲特所擁有的高達 1,000 億美元資產中，有 95% 以上是 65 歲以後賺來的。

　　投資當然越早越好，但從退休後才開始，也不算晚。**散戶最大的優點，在於可以自己決定投資標的**，不像專業機構投資人受到諸多限制。專業機構投資人是向大眾募集資金來投資，必須在短期內拿出績效，才能符合顧客期待。

　　我過去也以專業機構投資人的身分，操作全球股票型主動式基金，當時總是擔心如果不能符合顧客對短期績效的期待，資金就可能流出。顧客可不會接受這個主張：「現在只是暫時虧損，5 年後可以期待有 20％ 的獲利。」但散戶就沒有這種限制，只要願意，可以把眼光放遠，提高獲利。

　　手頭資金不多，投資素養又不高的人，很容易傾向高投機性投資，期待本金馬上翻倍，甚至翻 3 倍，他們常常在想，有沒有像外匯交易或加密資產（虛擬貨幣）等，可以在短期間內輕鬆獲利的方法？

　　這和減重很像，體重越重的人，越容易定下「我要在 1 個月內瘦下 10 公斤！」這種遙不可及的目標，結果減肥失敗又復胖，短期投資就像短期減肥，容易失敗收場。就算有短期可獲利的金融商品，其風險也很高，當然，你有可能運氣好賺到錢，但也可能慘賠，甚至被

迫離開股市。

網路等媒體也有人介紹輕鬆讓資產翻倍的例子，如利用匯率二元期權交易（Binary Options，選定一個投資週期，押注到期時的漲跌），好像擲骰子猜單數或雙數一樣，結果「資產總額一下子就超過 10 億日圓了」！聽來就像是美夢成真般的成功案例。

就算那是事實，也不表示你可以直接複製，而且成功機率極低。活用散戶的優點，不對賺輕鬆錢的賭博下手，將眼光放遠，持續長期投資，才是最基本的原則。

為什麼長期投資有利？主要是因為複利效果。

所謂複利，就是將投資獲得的報酬滾入本金再投資，也就是利滾利、錢滾錢。愛因斯坦（Albert Einstein）曾說過：「複利是人類最偉大的發明。了解的

小知識

• **二元期權**：期權的一種，當正確預測一個指定時間內，標的資產價格或指數的方向時，便能得到確定的獲利率與原投資金額，反之則原投資金額將全部歸零，或是只能收回相當小的比率。

人用複利賺錢，不了解的人呆呆付利息。」舉例來說，你拿手頭的 100 萬日圓投資，年平均投資報酬率10% 複利成長，10 年後，你的錢會翻 2.59 倍，有 259萬日圓（未稅，四捨五入，以下同），20 年後變成 6.73 倍，有 673 萬日圓，30 年後變成 17.45 倍，有 1,745 萬日圓（見右頁圖表 2-1）。

　　順帶一提，本書所使用的「複合年均成長率」（Compound Annual Growth Rate），是指在複利的基礎下，從多年的成長率，求出幾何平均值，因此，所謂的年平均投資報酬率 10%，並不表示每年都有 10% 的報酬率。

　　日本三十多歲單身家庭的平均儲蓄金額為 247 萬日圓（出自金融廣報中央委員會「家計的金融行動相關民調，單身家庭調查」〔2020 年〕）。

　　假設一個 30 歲的投資人，能拿 100 萬日圓出來操作股票，以年平均投資報酬率 10% 的複利理財，就算中途不再投入任何資金，30 年後，到了 60 歲屆齡退休時，用複利公式計算加上退休金後，手邊應該會有約 1,745 萬日圓。

　　如果資金更寬裕，可以準備 200 萬日圓， 30 年之

圖表 2-1　複利一覽表

利率（％）

年	1%	2%	3%	4%	5%	6%	7%	8%	9%	10%
1	1.010	1.020	1.030	1.040	1.050	1.060	1.070	1.080	1.090	1.110
2	1.020	1.040	1.061	1.082	1.103	1.124	1.145	1.166	1.188	1.210
3	1.030	1.061	1.093	1.125	1.158	1.191	1.225	1.260	1.295	1.331
4	1.041	1.082	1.126	1.170	1.216	1.262	1.311	1.360	1.412	1.464
5	1.051	1.104	1.159	1.217	1.276	1.338	1.403	1.469	1.539	1.611
6	1.062	1.126	1.194	1.265	1.340	1.419	1.501	1.587	1.677	1.772
7	1.072	1.149	1.230	1.316	1.407	1.504	1.606	1.714	1.828	1.949
8	1.083	1.172	1.267	1.369	1.477	1.594	1.718	1.851	1.993	2.144
9	1.094	1.195	1.305	1.423	1.551	1.689	1.838	1.999	2.172	2.358
10	1.105	1.219	1.344	1.480	1.629	1.791	1.967	2.159	2.367	2.594
15	1.161	1.346	1.558	1.801	2.079	2.397	2.759	3.172	3.642	4.177
20	1.220	1.486	1.806	2.191	2.653	3.207	3.870	4.661	5.604	6.727
25	1.282	1.641	2.094	2.666	3.386	4.292	5.427	6.848	8.623	10.835
30	1.348	1.811	2.427	3.243	4.322	5.743	7.612	10.063	13.268	17.449

後，用複利公式計算這筆錢，則會變成 3,490 萬日圓，可以輕鬆解決退休後，光靠年金不足以生活的問題。

順帶一提，如果能用年平均投資報酬率 20％ 的複利理財的話，大家覺得 100 萬日圓過了 30 年後，會變多少？5,000 萬日圓？1 億日圓？不止，竟可以變成 2 億 3,737 萬日圓。長期加上複利的效果就是如此驚人。日本的超低利率時代已經持續多年，大型銀行的定存利息也只有年息 0.002％ 左右。100 萬日圓存 1 年定存，

利息只有微薄的 20 日圓而已。

　　投資股票，假設年平均投資報酬率為 10%，一年後就會變成 110 萬日圓，報酬是定存的 5,000 倍。你可能會想：「可是長期穩定維持 10% 年平均投資報酬率，每年得到定期存款利息 5,000 倍的報酬，是不是太不切實際？」雖說是過去的實績，但如果你在 2009 年，金融風暴最嚴重時，投資與那斯達克綜合指數連動的 ETF（指數股票型基金），那麼過了 10 年以上，年平均投資報酬率應該是 20%。

　　就算你是投資與那斯達克綜合指數、紐約道瓊工業

小知識

　　● **複合年均成長率**：用來計算一段期間內的年平均成長率，或是評估一項投資在一段期間內的年平均報酬率，公式為：

　　〔（最終價值÷初始價值）×（1÷年數）－1〕×100%

　　目前臺灣各大銀行一年期定存固定利率，依不同銀行而異，最高可達 1.685%。

指數等代表性股價指數連動的指數型基金，平均一年也有 7.4% 左右的投資報酬率，這麼一想，年平均投資報酬率 10%，應該算是很實際的數字吧。

對經營者來說，從營業利益來看，每年創造相對於投入資本 15% 至 20% 的獲利，是理所當然的事，所以年平均投資報酬率 10% 左右的長期加上複利理財，不僅可以持續，也是散戶累積資產的最好幫手。

分散類股、議題、時機

有一句著名警語是這麼說的：「別把所有雞蛋放在同一個籃子裡。」投資的真諦就是要分散風險。你的投資組合（金融資產任意組合），不能只集中在少數個股，而是應該由多檔個股組合而成（當資產規模變大後，除了股票以外，也必須將風險分散到黃金或不動產等，見第 222 頁）。

企業業績與股價經常變動，股市動向也常大幅波動，暴跌事件幾乎定期造訪，如 IT 泡沫破滅、金融風暴、新冠疫情大流行等，沒有人能準確預測股價和市場的未來走向，連股神巴菲特都會看錯趨勢而虧損，所以

投資人應該要做的事，就是巧妙組合多檔個股，在降低風險的同時，累積報酬。

那麼投資幾檔個股，才能稱為分散風險？5 檔，還是 10 檔？答案跟資產規模有關，不過一般來說，**20 檔個股以上，就可以讓風險與報酬最佳化**。

而我認為 25 檔左右較佳。如果是投資新手，每檔個股投資差不多的金額比較能清楚掌握，也較容易管理投資組合。

將投資金額平均分配到每一檔個股，1 檔個股的投資金額占全體的 4％。假設總投資金額為 500 萬日圓，相當於 1 檔個股約 20 萬日圓。就算原本設想的投資走勢完全不同於現實發展，你持有的某檔個股股價大跌 25％，對整體的影響也不過才 1％，停損後也只會損失 5 萬日圓。

分散投資首先要有分散類股的觀點，舉例來說，如果你只集中投資在能源、汽車或半導體相關行業，**就算在同一類股內分散投資多檔個股，也等於是將所有雞蛋放在同一個籃子裡**，只要發生某些狀況導致該類股全面大跌，你可能就有高額的帳面損失。

全球股票總共有 11 種類股。1999 年由 S&P、道瓊

指數，與前述的大摩指數共同開發名為「全球行業分類標準」（GICS）的產業分類（見下頁圖表 2-2）。投資的前提，就是要在這些類股裡分散標的。

其次，分散議題的觀點也很重要。

一個議題牽涉多個類股並不少見，所以要巧妙組合類股與議題。長期議題包含零碳、環境、社會、公司治理（ESG）、雲端化的數位轉型（DX）等。舉例來說，零碳這個議題就橫跨了日常消費品、能源、原材料、公用事業等類股。短期的議題，以 2022 年俄羅斯入侵烏克蘭為例，相關議題就有穀物、國防、能源等。

說到議題，可能也有人擔心「大家都在關心零碳議題，現在才要去找潛力股太晚了，難道不會被套牢在高點嗎？」我能理解大家的擔憂，不過，搶先投資沒人關注的議題、個股，雖然預測中了可以賺取高額報酬，但這種機率不高，比較大機率都是白忙一場。如果是投資人之間蔚為話題的議題、個股，成長性較高，比起搶先別人投資不確定性高的個股，效率應該更好。

在類股和議題內鎖定個股時，也可以比較紐約道瓊工業指數，或那斯達克綜合指數。雖然股價會上下波動，選股時還是要選長期來看股價持續成長，且表現平

圖表 2-2　全球行業分類標準（GICS）

能源

石油、天然氣、煤等之探勘、開發、精煉、銷售、儲存、運輸相關行業。包含提供石油、天然氣相關設備與服務的企業

原材料

化學品、建築材料、玻璃容器、紙製品、木材、金屬礦業等相關行業。

通訊服務

透過網際網路、寬頻、智慧型手機等，在網路上提供資訊、廣告、娛樂、新聞、社群媒體等的內容。

可選消費品

提供汽車、服飾、休閒用品、飯店、餐廳等，以消費者為顧客的零售、製造、服務。容易受到景氣波動的影響。

日常消費品

製造銷售食品、飲料、香菸、製造家庭用品等。也包含食品與藥品之零售業。此類為生活不可或缺的用品，因此不太受到景氣波動影響。

金融

銀行、各種金融服務、消費者金融、證券公司、資產管理公司、金融交易所等。也包含保險核保師以及保險經紀人。

（接下頁）

醫療保健

包含健康保健供應商與服務、製造銷售健康保健機器用品的企業。也包含藥品與生技公司。

通訊服務

包含建設相關、電氣設備、機械設備、航太、國防等之資本財廠商與銷售公司。也含有建築土木、印刷、環境服務、人事雇用服務、諮詢顧問服務、運輸服務等之供應商。

資訊科技

包含提供 IT 相關之軟體及資訊技術之諮詢顧問、數據處理之企業。也包含通訊設備、智慧型手機、電腦、半導體等之科技、硬體以及設備之製造銷售業者。

房地產

不動產開發商、不動產投資信託（REIT）等相關行業。

公用事業

水電、瓦斯等公用事業相關行業。包含可再生能源相關行業。

均優於指數的成長股。這類高成長個股一旦價格下跌，就是買進時機。即使在指數走跌的局面，仍能持續成長、股價穩定的個股，便會是候選標的。

　　分散投資時，我認為**投資自己喜歡的企業**，也是一個重要觀點。每個人喜歡的國家、興趣、運動，各有不同，不少線索隱藏在其中。例如，因為愛好衝浪，幾乎每年造訪夏威夷的人，除了航空業與飯店業外，自然也會對運動休閒風（Athleisure），與海洋相關產業等感興趣，應該很容易成為這些領域的行家。

　　在選擇潛力股或判斷買賣時機時，比起對這些產業一知半解的門外漢，行家應該處於更有利的立場。同理可證，如果你的興趣是電玩，想必很了解電玩軟體和電玩機器製造商，甚至是電競產業，只要成為這些企業和產業界的行家，自然比其他投資人更占優勢。最重要的是，投資自己喜歡的東西，可以樂在其中且長期持續，只要堅持下去，功力自然會慢慢提升，這也是散戶為什麼要以長期為主的原因。

　　進場時機也要分散，特別是操作全球股票時，因是以美元計價，所以有匯率風險，日圓貶值時購入成本增加，升值時購入成本下降。像 2022 年日圓重挫，就很不利於日本人進場，可是如果在等待日圓升值的期間，鎖定的個股股價上漲，那就錯失機會了。

　　最為人所知的攤平匯率風險方法就是「平均成本

法」。這是用定期定額的方式，持續購買相同金融商品的方法。當日圓貶值的時候，買到的美元較少，日圓升值時，買到的美元較多，藉此平準匯率帶來的價格變動風險。

再平衡投資組合

長期投資必須對投資組合進行「再平衡」（Rebalance，重新檢討資產配置），也就是視情況重新檢討投資組合，意思是說，**長期投資不等於買了就不賣、一直持有**。

個股也好指數也罷，都會上下波動。當股價上漲到某個程度，就要出售部分持股、落袋為安，再用這些錢購買當時認為物超所值的個股，重新調整投資組合。如此反覆操作，以求整體投資組合穩定成長，一年能有10％以上的投資報酬率。

定期再平衡投資組合，可以抑制風險，讓報酬最佳化。這個事實也已經經過諾貝爾經濟學獎得獎理論「現代投資組合理論」實證（見第 96 頁）。

多大的上下波動就該再平衡？我建議富豪們可以

以「20／25 原則」（見第 139 頁）為基準。這個原則是，當短期持有的個股股價上漲 20％，就先獲利了結，股價下跌 25％，則賣出停損。如果你沒有任何個股候選名單，便很難隨機應變，重新檢討資產配置。

就算持有 25 檔個股，在這些個股周邊，一定有其他個股，讓你覺得「我對這種商業模式有點興趣」，或是「因為這檔個股一直持續成長獲利，如果股價回跌，我覺得應該可以買」。我用「觀察中個股名單」來放置這類股票，數量太多反而會失去重點，所以名單上限也設定在 25 檔左右。

再平衡投資組合時，平衡對象就是持有的 25 檔個股＋名單上的 25 檔個股＝50 檔個股。

持有個股＋名單上的股票，便會是你平常在意的標的，所以對於業績變化，與個股因應市況的獨有波動，你應該也很熟悉，也較容易做出合宜的判斷。

金字塔型累積資產計畫

投資中的風險與報酬，是一種抵換（Trade off），追求高報酬，意味著承擔高風險；想降低風險，報酬也

會隨之變少。

鎖定高風險、高報酬的投資，當面臨重大損失時，可能會因此被迫退出股市。話雖如此，只做低風險、低報酬的投資，也無法快速累積資產。想讓風險與報酬處於均衡狀態，該怎麼辦才好？

我建議可以考慮「金字塔型累積資產計畫」，也就是利用不同程度的風險與報酬，堆疊出金字塔型的投資組合。

要堆疊出幾層的金字塔，因人而異，不過我建議可以有 3 層（見第 73 頁圖表 2-3），投資比例是「保守型投資 5：積極型投資 3：超積極型投資 2」。

假設你有 1,000 萬日圓想用來投資全球，第 1 層保守型投資金額是 500 萬日圓，第 2 層積極型投資是 300 萬日圓，第 3 層超積極型投資則是 200 萬日圓，接下來將說明每一層的內容。

● **第 1 層：保守型投資**

投資組合的基礎第 1 層，是低風險、中報酬的保守型投資。這層以全球優良企業且高股利個股為主，透過現金股利與價差獲利，鎖定年平均報酬率有 10%～

12％ 的成長。

股利與價差當然都要再投資，透過複利增加資產。

● 第 2 層：積極型投資

只要持續長期×複利理財，操作高成長性的全球股票與美股，光靠第 1 層便可增加資產。而且大多數資金充裕的富豪，會願意多承擔一些風險，以追求進一步的獲利。

因此第 2 層則為中風險、高報酬的積極型投資，主要標的是持續高成長，將來股價有機會翻 10 倍的個股，再加上可短期提升獲利的「個股選擇權交易」。個股選擇權交易，就是以有吸引力的股票為對象，利用權利金的方式交易（按：臺灣還有股價指數選擇權類、商品選擇權類）。

我這樣說，大家可能會想「那是什麼？聽起來不太妙？」、「這種交易方法門檻很高吧？」而心生抗拒，可是在美國，這是初學者都很常使用的手法，特別是被稱為「羅賓漢們」的年輕散戶們（因常利用線上券商「羅賓漢」，因此得名），常利用選擇權交易。

如果你能接受這種架構，可以先從小額開始嘗試

圖表 2-3 金字塔型累積資產計畫

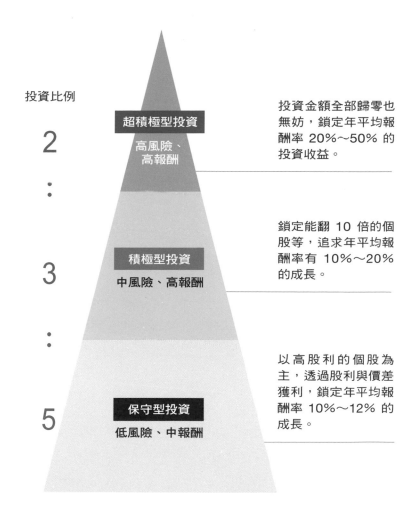

投資比例

2

：

3

：

5

超積極型投資
高風險、
高報酬

積極型投資
中風險、高報酬

保守型投資
低風險、中報酬

投資金額全部歸零也無妨，鎖定年平均報酬率 20%～50% 的投資收益。

鎖定能翻 10 倍的個股等，追求年平均報酬率有 10%～20% 的成長。

以高股利的個股為主，透過股利與價差獲利，鎖定年平均報酬率 10%～12% 的成長。

（選擇權交易將於第 3、4 章解說）。

第 2 層的目標是年平均報酬率有 10%～20% 的成長。與保守型相同，是利用股利和價差，透過複利增加資產。

● **第 3 層：超積極型投資**

金字塔頂端的第 3 層是超積極型投資。活用第 2 層的積極型，創造多餘獲利，以布局高風險、高報酬，且年平均報酬率有 20%～50% 的投資獲利，只要可以巧妙活用第 3 層投資，應該可以大幅縮短達成目標資產的時間。

除了選擇權交易法，還有雞蛋水餃股投資、大宗商品（Commodities）投資、創業投資、特殊目的收購公司（Special Purpose Acquisition Company，簡稱 SPAC）投資等，這些應該都是投資人較少聽到的投資方法，我在這裡簡單說明一下。

所謂雞蛋水餃股投資，就是買賣每股股價不到 1 美元的股票，藉由買進流動性低的投機性廉價個股，期望獲得高報酬。電影《華爾街之狼》（*The Wolf of Wall Street*）中的喬登・貝爾福（Jordan Belfort），就是一位

真實存在的股票經紀人，因投資雞蛋水餃股獲取暴利而為人所知。

大宗商品投資則是透過基金等，投資在商品期貨市場交易的原油或汽油等能源、黃金或白金等貴金屬、玉米或黃豆等穀物等大宗商品（原材料）；創業投資，則是投資剛創業不久的新創公司。因當被投資的新創公司首次公開發行股票（IPO），或被收購（經由併購等方式出售予第三者）時，投資人可期待獲取暴利。

SPAC 投資，則是投資特殊目的收購公司這類空殼公司。SPAC 是沒有任何事業的上市公司，就像是一張白紙，所以也被稱為「空白支票公司」。SPAC 上市後，利用股票籌措的資金，成功收購未來可期的未上市新創公司的話，即可獲得龐大利益。而這些都是高風險、高報酬的操作，所以應該抱著最壞打算——資金可能全打水漂的態度進行。

我會建議資金寬裕的富豪布局第 3 層，但資金較吃緊的散戶實踐到第 2 層就可以。

小知識

- 年平均報酬率算式為：

年平均報酬率＝總報酬率÷資金投入年數

- 總報酬率算式為：

總報酬率＝（投資現值－投資成本）／投資成本 ×100%

- 雞蛋水餃股：指每股股價不到 1 美元的股票。

- 大宗商品：一種財貨，通常是資源。大部分商品是原材料、農作物或者礦物，比如鐵礦石、糖、穀物。

- 個股選擇權交易：以股票為對象，利用權利金的方式交易。

- 股價指數選擇權類有臺指選擇權、電子選擇權、金融選擇權。商品選擇權類僅有黃金選擇權。

▶ 專欄

越來越少人買共同基金了

投資全球股票，也可以單純利用分散投資多檔個股的「共同基金」。

很受日本散戶歡迎的共同基金——三菱 UFJ 投信的 eMAXIS Slim 全球股票，在散戶之間又有「All Count」的暱稱，簡單來說，就是投資包含日本在內的全世界股票的概念，其中約六成是美股。

或許有人覺得：「自己投資個股要自己選，好累，不如買 All Count 這種共同基金，比較輕鬆。」先別這麼早下結論。

現在開始要成為我們投資模範的富豪們，就我所知，幾乎沒有人利用共同基金投資全球，因為買共同基金不能隨心所欲操作標的，獲利也有限。共同基金原本是由投資專家向投資人募集資金，再把資金投入股票、

債券、不動產等。

　　基本上共同基金由銷售的公司、操作的公司、保管資產的公司等三家公司參與，每家公司都會收取手續費。由證券公司、銀行、郵局等銷售共同基金，資產管理公司操作基金，我過去也曾在某大型資產管理公司，負責投資全球股票，而信託銀行則負責保管這筆資產。

　　信託銀行會再信託予日本 Master Trust 信託銀行、日本 Custody 銀行等日本國內大型行庫，日股的大股東名單中，經常出現這些信託銀行的名稱，便是因為該個股是共同基金的投資標的。

　　舉例來說，軟銀集團最大股東，是該公司的會長兼社長孫正義，但第二大和第三大股東，分別是日本 Master Trust 信託銀行和日本 Custody 銀行。如果是全球股票與美股的共同基金，日本的信託銀行，會利用美商布朗兄弟哈里曼公司（Brown Brothers Harriman & Co.），或道富銀行（State Street）等海外保管銀行（Custodian）。商品經過越多人的手，價格越高，同理可證，參與共同基金的金融機構越多，成本越高。

　　以全球股票或美股為例，共同基金投資的證券，每一筆交易，就必須支付數十美元的手續費給保管銀行，

最終這些成本都會轉嫁給所有購買共同基金的投資人。假設購買基金時的申購手續費每年 1%，持有期間的信託管理費也是每年 1%，1%＋1%＝2%，就算投資績效有 7%，扣除手續費後，也只能得到 5% 的報酬。

此外，共同基金每天只有一個價格（淨值）。如果是股票型共同基金，就會用市值＋利息＋股利－運作成本，算出每一單位的淨值，讓投資人了解，所以就算投資人想購買全球股票或美股的共同基金，也要等到第二天才會知道實際價格。不同於個股投資，也不能用限價單以自己想購買的價格下單，就算第二天淨值上漲，也只能用上漲後的淨值購買。

近年來大受日益增加的富豪歡迎的商品，不是共同基金，而是 ETF。一般的共同基金不會在股票市場上市，但 ETF 會，且可以像股票一樣自由買賣。

共同基金的淨值每日只計算一次，但是 ETF 的價格和股票一樣會即時變化，因此投資人可以隨機應變且靈活操作，加上 ETF 的手續費等成本，通常比共同基金來得低。散戶如果要用個股投資以外的方法，ETF 或許是不錯的選擇。

日本現在甚至也出現了像資產管理平臺 WealthNavi

等公司，透過 AI（Artificial Intelligence 的縮寫，即人工智慧）自動化投資理財顧問功能，提供以投資全球為號召的個人資產運作服務。WealthNavi，透過投資 ETF，分散投資全球約 50 個國家、12,000 檔個股，訴求可以享受全球經濟成長的好處，布局投資全球。使用者須支付手續費年率 1.1%（含稅），持有 ETF 的成本為年率 0.08%～0.13%，基金公司會直接扣除。

聽到活用 AI，一般人也許會期待享受前所未見的全新投資方式的好處，可是我們也不能無條件信任 AI，我認為這種投資服務，原則上就是傳統「量化交易」的改良版。所謂量化交易，就是根據股價、業績、利率、經濟成長率、失業率等數據，透過程式操作投資。

像投資國民年金等以低風險低報酬為目標的話，我認為可以利用 AI 手法；但如果是希望透過全球投資，更有效率的運用資產的散戶，這種方法的績效可能太低。

實際上，我日常接觸到的富豪，幾乎沒有人用這種方式，因為他們追求更高的效益。他們選擇全球股票和美股的個股投資，是因為這種方式比起共同基金和

ETF，更能發揮自己選股的眼力，我認為這樣的選擇不只適合富豪，也適合大多數散戶。

小知識

- 限價單：以特定價格交易。

- 預掛限價單：在想成交的價格事先掛好限價單。

- 市價單：不指定價格，直接下單。

CHAPTER

3

全球投資人的
共同語言

　　了解第 3 章說明的原則，應該就可窺知日益增加的富豪是用什麼樣的觀點在布局全球投資，散戶還能藉此加深對股票投資的理解，有助於大家提升投資績效。

　　美國職業棒球大聯盟（Major League Baseball，簡稱 MLB）有許多日本職棒所沒有的行話。理解 OPS（打者上壘率加上長打率的總和）、WHIP（除失誤外，投手平均每局讓打者上壘數）、走後門（從外角彎進好球帶的球）等共同語言後，看大聯盟球賽轉播時應該會有趣好幾倍，同理可證，投資人之間也有共同語言，其中特別常見的就是本益比（Price-to-Earning Ratio，簡稱 PER）和股價淨值比（Price-Book Ratio，簡稱 PBR）。

　　本益比是相較於企業的獲利水準，股價偏高還是偏低，以股價除以每股盈餘求出。日本多數投資人認為，日股的本益比平均為 15 倍左右，所以當本益比高到 50 倍甚至 60 倍等，投資人就認為股價偏高，如果是 5 倍或 6 倍，則認為股價偏低，因為簡單易懂，所以美國人也常使用這個指標。

　　股價淨值比則為相較於企業的淨值，目前股價是偏高還偏低，以股價除以淨值可以求出數值。股價淨值比

高，表示股價相較於淨值偏高，反之則偏低，股價淨值比如果是 1.0 倍，就表示股價和淨值相同。理論上股價淨值比不會小於 1.0 倍，可是日股有很多股價淨值比低於 1.0 倍的個股。這類公司如果沒有經營不善等因素，持有資產的帳面價值與市值差異又很小時，則能判斷這家公司很便宜。

不論是全球股票還是美股，投資時應該多注意本益比和股價淨值比。除此之外，還有一些共同語言，例如自由現金流量（Free Cash Flow，簡稱 FCF）與現金流量折現法（Discounted Cash Flow，簡稱 DCF）。所謂自由現金流量，簡單來說，就是企業可以自由運用的現金，也就是以本業賺得的「營業活動的現金流量」，加上以擴大事業相關資金流入流出為主的「投資活動的現金流量」的總和。

全球投資人認為，未來現金流量持續增加的全球企業，股價也將持續上漲，所以傾向買進這種公司。如果全球企業公布的資訊中，有自由現金流量的預測等內容，大家務必豎起耳朵，把這些內容當成「預估今後成長與股價動向的重要資訊」，並好好掌握。

現金流量折現法，就是根據自由現金流量，判斷企

業價值的手法,簡單來說,就是預測未來會賺多少現金,然後比較。此時會用到折現率(Discount Rate),折現率會用一般籌措資金時的「加權平均資本成本」(WACC)等來計算。這是考慮將來的預測準確性有多高,判斷折現多少的基準,也會因類股和企業個別因素,甚至是基金經理人的實務經驗而異。

舉例來說,某聲勢驚人的新創公司未來可期,但投資人認為時間拉得越長,該公司持續賺取預測水準的現

圖表 3-1　自由現金流量

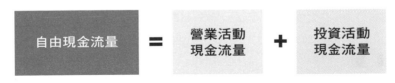

金流量的機率就越低,所以這間企業便被判定成「折現率 20%」。相對的,到目前為止都能穩定賺取現金流量、風險較低的大企業評價較好,可能被判斷成「折現率 5%」左右。

現金流量折現法的簡單公式如右頁圖表 3-3 所示,僅供參考。

小知識

● **本益比**:算法為市價除以每股盈餘,通常拿來判斷股票是便宜還是昂貴。

● **股價淨值比**:算法為股價除以每股淨值。當股價淨值比越高,潛在報酬率越低;股價淨值比越低,潛在報酬率越高。

● **市值**:指一間公司股票在市場上的總價值。總市值計算方式,則是公司股票發行總股數乘以股價。

● **折現率**:指將未來的貨幣轉換成當前貨幣的實際價值的比率。

● **加權平均資本成本**:用來衡量公司的資本成本。

圖表 3-2 現金流量折現法

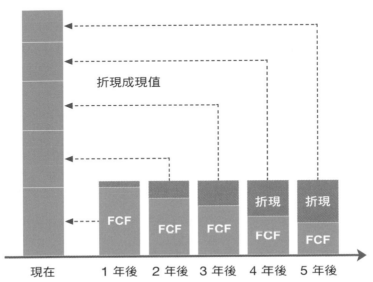

將企業未來會創造出的現金流量，折現成現值的評估手法。

圖表 3-3 現金流量折現法的公式

- **n 年後的（折現現值＝現金流量）÷（1＋折現率）^{n}**

  假設現金流量為 100 萬日圓，折現率為 20%，那麼 2 年後的折現現值為 100 萬÷（1＋0.2）^{2}＝69 萬 4,444 日圓。

現金流量折現法，評估企業價格

現金流量折現法是應用範圍極廣的語言。企業與投資銀行等在考慮併購時，也會用這種手法來評估對方的企業價值。

此外，現金流量折現法也會用在思考經營方針上，例如，應該用現金流量來投資設備，還是買庫藏股，又或者發放股利給股東，增加長期借款……藉此討論長期資金的使用方式。

企業根據資產負債表、損益表、現金流量表等顯示的目前財務狀況，編製未來 5 年左右的中長期經營計畫。專業機構投資人的分析師，和基金經理人會針對「這家公司的中長期經營計畫，現金流量會如何變化？使用現金流量折現法可以如何評價？股價又會如何變化？」等進行討論。美國的股東和散戶也會以現金流量折現法為基礎，討論投資和資本效率，但日本卻有不少經營者根本不了解現金流量折現法，從這一點來看，日本企業真可謂是「加拉巴哥化」（Galapagosization，按：指在孤立的環境下，獨自進行最佳化，喪失和區域外的互換性，最終陷入被淘汰的危險）。

全球企業與日本企業的差異，也可以從專業經理人的參與程度看出。

全球企業會高價聘僱優秀的專業經理人，請他們協助提升自家公司實質的企業價值與股價。最高水準的專業經理人更可以穿梭在全球知名大企業之間，不少人因此累積出高額資產。對他們來說，現金流量折現法，就像是經營的作業成本法。

特別是負責財務策略的財務長，就算分析師或基金經理向他們提出困難問題，他們也能用具體數字，有邏輯的回答，每次聽到他們的說明，我都會沉迷其中，甚至不禁想去購買那家企業的股票。相對的，日本企業的主流做法，是提拔在公司內部表現良好、從畢業後就從一而終，不曾轉換過跑道的人。

日本政府計畫吸引海外企業經營者和經營幹部到日本，目標是 2030 年達約 20 萬人。反過來說，這也反應出日本企業的封閉，以及絕大多數經營高層，都是由公司內部晉升的事實。

缺乏經營經驗的上班族，通常是透過公司內部的政治力學，才晉升為經營高層，所以思考範圍較為局限，經營時也通常會以公司內部狀況為優先。創業者及其家

族參與經營的企業，這種傾向更為明顯，在這種企業中，自由現金流量和現金流量折現法都不可能成為共同語言。

當然，日本也有許多企業在全球取得成績，裡頭也有優秀的經營者，可是和其他國家相比，應該尚屬少數。事實上，日本企業還是少有能獲得加州公務人員退休基金（CalPERS，資產超過 40 兆日圓的全美最大專業機構投資人），與以高報酬率運用 5 兆日圓左右資產的哈佛大學基金等青睞，並成為他們願意投資的對象。

這裡再提供大家一個共同語言——股票公允價值（Fair Value），指的是根據企業的財務資訊和獲利預測，所計算出的合宜股價。這個共同語言的前提就是只要企業能維持價值，長期來看，股價應該會向公允價值靠攏。

比較股票市場供需平衡決定的現實股價與股票公允價值，是投資時寶貴的判斷資訊之一，舉例來說，現實股價低於股票公允價值時，投資人就會覺得股價便宜，考慮買進的人便會因此增加。

股票公允價值的計算方法大致可分成兩種，第一種是前面提及，以自由現金流量為基準的計算方法，第二

種則是以企業發放多少股利，也就是所謂的股利折現模型（DDM）。

　　企業價值計算手法之一的股利折現模型，就是用投資人將來獲得的所有股利除以預期報酬率（資本成本），算出股票公允價值。

　　全球股票和美股的主流做法不是發放股利給股東，而是買入庫藏股提升股價。因此作為投資的判斷標準，

小知識

　　● **作業成本法**：又稱作業基礎成本制（Activity-Based Costing，簡稱 ABC），是一種成本計算方法。

　　● **公允價值**：指買賣的雙方對交易的各事項有充分的認知共識，並達成交之意願所定的價格。

　　● **股利折現模型**：以適當的貼現率，將股票未來預計派發的股息折算為現值，以評估股票本身應該具有的價值，而非市場價格。

　　算式為：

　　股票的價值＝今年發放的股利÷（折現率－股利成長率）

圖表 3-4　何謂股票公允價值？

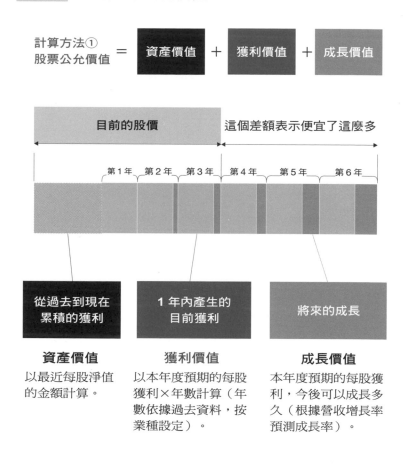

計算方法①
股票公允價值 = 資產價值 + 獲利價值 + 成長價值

目前的股價　　　這個差額表示便宜了這麼多

第1年　第2年　第3年　第4年　第5年　第6年

從過去到現在累積的獲利

1 年內產生的目前獲利

將來的成長

資產價值
以最近每股淨值的金額計算。

獲利價值
以本年度預期的每股獲利×年數計算（年數依據過去資料，按業種設定）。

成長價值
本年度預期的每股獲利，今後可以成長多久（根據營收增長率預測成長率）。

計算方法②
股票公允價值 = $\dfrac{\text{股利}}{\text{預期報酬率（資本成本）}}$

股利的重要性並不是那麼高,但我認為全球最專業的一家資產管理公司,至今仍會用股利折現模型算出股票公允價值。

現代投資理論

其次我想說的是,了解投資相關理論,掌握學術佐證很重要。

我並不是要大家去仔細研究,不過我認識的富豪都有一個很明顯的特徵——**他們會從投資理論中找出佐證,認同之後再投資。**我認為散戶也應該學習這一點。

本書內容也提及選擇權交易這類海外很普及的投資方法。選擇權交易是有理論佐證的投資手法,可是如果不知道,就會憑著籠統的印象,覺得「好像很危險」、「很可怕」等,錯失好不容易才有的機會及成長空間。

就像是優秀的投手有致勝球一樣,在投資市場勝出的投資人,也有自己擅長的一套模式。找出來並腳踏實地持續練習,便會越來越熟悉,進而縮短累積巨額資產的時間。要找出自己擅長的致勝模式,選擇範圍越廣越有利,若想要拓展選擇範圍,就得了解理論。

現代散戶至少應該了解三種理論：現代投資組合
理論（Modern Portfolio Theory）、布萊克－休斯模型
（Black-Scholes Model）、Fama-French 三因子模型
（Fama-French three-factor model），每一種都是諾貝爾
經濟學獎的得獎理論，也可以寫成一本書，資訊量龐
大，在此只針對必須掌握的重點說明。

● **現代投資組合理論**

現代投資組合理論出現於 1980 年代，那個時代，
美國苦於經常帳赤字與財政赤字（第 25 頁），甚至從
全球角度來看，各國都處於經濟凋敝的狀態。這個理論
由「分散效應」與「相關效應」構成。

分散效應是指投資人透過持有數個資產，可降低投
資組合整體的風險，也可以說分散投資，更能確實獲得
期望的報酬。

相關效應則是指分散投資的資產價格波動各自獨
立，不會相互影響，因此可以降低組合整體的風險。

也就是說，這個理論證明，透過分散效應與相關效
應的組合，可以讓資產配置在相同風險下，獲得最大的
期望報酬（在相同期望報酬下，承擔最小風險），這就

是效率前緣（Efficient Frontier，見下頁圖表 3-5），在縱軸為期望報酬，橫軸為風險的圖表曲線上，指風險最低的分散投資組合上方的部分。利用無風險資產時，連接無風險利率和曲線接點投資組合的直線，則稱為**資本市場線，這條曲線越偏左上方，風險越低、報酬越高，投資越有效率。**

　　雖然可能不太容易了解，還是要請大家記住 69 頁的說明，投資全球的原則二就是奠基在現代投資組合理論之上。

　　1950 年代建立現代投資組合理論基礎，思考風險抑制效果的美國經濟學家哈利・馬可維茲（Harry Max Markowitz）博士，因「建立提高投資安全性的一般理論」，於 1990 年獲得諾貝爾經濟學獎。確定得獎時，

小知識

　● 效率前緣：總風險相同的時候，相對能夠獲得最高的預期報酬率，或是預期報酬一樣時，相對來說總風險最低。

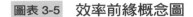 **圖表 3-5　效率前緣概念圖**

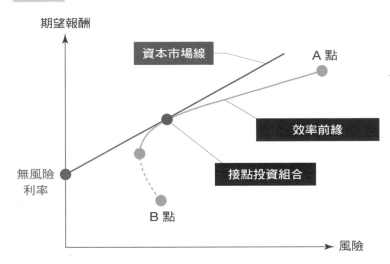

他本人正在日本演講，據說他當時表示，「我想把諾貝爾獎的獎金，用來操作自己建立的理論」。

● **布萊克－休斯模型**

布萊克－休斯模型是導出「衍生性商品交易」價格的方程式。所謂衍生性商品，指的就是由股票、債券、匯率等原始資產衍生而出的商品。

在所有的衍生性商品中，布萊克－休斯模型主要被當成計算選擇權交易中的「選擇權價格」時的佐證。說

得詳細一點,就是用原資產價格、履約價格、利率、距離到期日時間、原資產的波動(價格變動程度)等五大變數來計算。此模型是費雪‧布萊克(Fischer Sheffey Black)與邁倫‧修斯(Myron Scholes)於 1973 年發表並命名。

1997 年,因為布萊克—休斯模型的功績,邁倫‧修斯和羅伯‧莫頓(Robert Merton)成為諾貝爾經濟學獎得主。當時布萊克已過世(諾貝爾獎不頒給已故者),莫頓對此模型提供嚴密的證明而為人所知。而此模型的基礎,則是根據日本數學家伊藤清博士的「伊藤引理」。

● Fama-French 三因子模型

最後要談談 Fama-French 三因子模型。

它的前一階段是資本資產定價模型(CAPM),由前述的現代投資組合理論導出。

資本資產定價模型,是被動式投資所採用的模型的前提,最具代表性的被動式投資是「指數型基金」。這種基金投資那斯達克綜合指數,或日經股價指數等股價指數的成分股,以價格波動和股價指數連動為目標。

相對於被動式投資的商品，就是由基金經理人積極選股，以投資績效超越大盤指數為目標的「主動式基金」，我長期以來都負責操盤主動式基金。

指數型基金、主動式基金各有優缺點，但不論哪一種，都是以資本資產定價模型的發想為基礎。連著名的巴菲特留給妻子的遺囑都說：「我死後，你就把 90％的資產，都拿去投資標普 500 指數型基金吧。」

而資本資產定價模型再進一步發展下去，就是Fama-French 三因子模型，因為加上市值相關風險要素、股價淨值比相關風險要素，合計三個因素而得名。

三因子模型成為近年盛行的 ETF 的理論佐證，而主導建立模型的尤金・法馬（Eugene Fama）也於 2013年成為諾貝爾經濟學獎得主。

總體經濟對股市的影響

有人說世界由天（世界經濟）、地（個別企業）、人三者建立，我認為這也是投資時的重要觀點。

天指的是總體經濟、世界經濟的動向，媒體上的經濟專家們經常強調這個部分；地則是個別企業（個體）

的趨勢,可從企業提供的投資人關係資訊、股票投資相關網路媒體等方式取得;人則是投資人對投資的實踐,指的就是在天(總體)與地(個體)的基礎上,個別散戶將如何行動。

以散戶為客群的書籍,經常聚焦在人會如何行動的趨勢,我想那是因為這樣做,最能和同類書籍有所區隔。這個要素固然重要,但我認為,還是必須先客觀的掌握天與地。

接下來逐一為大家說明。

天(總體)是個股以外的因素。表示業績和股價受到經濟情勢的變化,或股市全體動向的影響,而有所變動,舉例來說,2012 年 11 月的安倍經濟學,其中的寬鬆貨幣政策,讓日經股價指數呈 V 字復甦,個股的業績和股價都大漲。反之,2020 年受到新冠疫情的波及,所有個股的業績和股價都一度下滑,這些都是天(總體)的因素所造成的結果。

地(個體)則是個股固有的因素。個別企業努力開發新商品、服務,只要出現暢銷產品,業績自然大漲,股價也會隨之上漲。反之,如果傾全公司之力開發的新商品、服務,業績表現不佳,股價自然隨之下跌。

即使你投資的個股股價下跌，你也要去思考這是因為個體因素造成的結果，或者是因為全體市場都在跌的關係？

即便因為總體因素，導致業績或股價下跌，那很可能只是暫時的，就像新冠疫情或俄羅斯入侵烏克蘭一樣，只要個股的個體因素沒有問題，長期來看，可能正是千載難逢的進場時機。

反之，在新冠疫情期間，政府祭出超積極的寬鬆貨幣政策，就是因為總體因素而資金泛濫，結果也曾出現這些沒有去處的資金流入股市，推升股價的現象。如果單純只是因為總體因素造成股價上漲，獲利了結可能才是聰明的對策。區分總體、個體觀點來分析業績與股價的上下波動，養成習慣，可以讓投資決策更為精準。

注意美國的利率、物價、就業

總體因素有許多，不過我們應該注意的是全球經濟的基石，也就是美國經濟的動向。

很久以前開始，就有「美國打噴嚏，日本就感冒」的說法。所以只要觀察美國動向，就能預測日本的經濟

動向。美股跌，日股通常會跟著跌；美股漲，日股也會跟著漲。

不只是日本，全球經濟也會被美國經濟左右，因此全球企業的業績和股價，便很容易受到美國總體因素的影響。

美國的總體因素有很多，建議大家可以關注最簡單明瞭的三大因素：利率、物價、就業，我來依序說明。

觀察利率的重點在於，美國長期利率（10 年期公債殖利率）在什麼水準，必須找出今後會漲還是會跌的方向，也要關注長期利率和短期利率差異（稱為長短期利差），因為這是反應未來景氣的指標之一。

短期利率原本應該低於長期利率，當短期利率高於長期利率，發生殖利率倒掛現象時，據說半年到一年後，景氣就有步入衰退的趨勢。因為短期利率暴漲，常肇因於金融過度不安與政策變動等。殖利率倒掛，可能就是 3 個月期美國國庫券殖利率，高於 10 年期公債殖利率。

決定政策利率的單位是各國中央銀行，而中央銀行決定利率走勢的關鍵，就是以下要向各位說明的物價和就業狀況。

　　若要觀察物價，首先就要關注聯準會很重視的物價指標，也就是美國商務部每個月月底公布的「美國個人消費支出平減指數」、「消費者物價指數」（CPI），這些指標顯示出美國個人消費的物價動向，號稱全球第一的美國 GDP，個人消費占了約七成。

　　就業則重視薪資成長率與失業率。從美國勞動部勞動統計局每月第一個星期五公布的就業統計，即可確認就業人數、平均時薪、失業率等。

　　失業率低、薪資又成長的話，可用來消費的錢就會

小知識

　● **殖利率倒掛**：美國短期的國債殖利率，高於長期的國債殖利率。

　● **消費者物價指數**：Consumer Price Index，簡稱 CPI，是反映與人民生活有關的產品，及勞務價格統計出來的物價變動指標。

　● **美國個人消費支出平減指數**：指美國衡量所有本地個人消費平均增幅的指標。

增加，景氣應該會變好。反之，失業率高、薪資又停滯不前的話，消費力道則會減少，政府有採取貨幣寬鬆政策的空間，從總體因素來看也可能推升股價。

到目前為止，我說明的美國利率、物價、就業相關資訊，都可以在網路上取得，平常多看看經濟新聞與相關節目，自然就會看到這些訊息。

用淨利和現金流量分析個股

接著說明個體的因素。

以歐洲為據點的全球股票，投資人通常關注的是淨利與現金流量平均成長率。

如果個股最近 5 年淨利與現金流量的平均成長率，比全體市場平均或是同業平均更高，投資人就會認為股價也會成長，可望成為候選標的。如果投資人太過於重視每股盈餘，企業可能會用買庫藏股的手法藉此提升，忽略長期來看的成長股投資，所以對於走長期經營路線較多的歐洲企業，投資人常關注的是淨利。

不過投資人要關注什麼，常會因企業所處的階段而異。某種程度上來說，已經成熟的企業，投資人更重視

獲利水準和淨利率，而面對剛成立不久的新興企業，則較重視營收成長。

新興國家企業也一樣重視營收成長，不過相較於先進各國，新興國家的政治和經濟掛勾嚴重，而且政局常常不穩定，所以投資人也會重視其營收品質和穩定度（永續性）。

以美股為主戰場的投資人，一般傾向於先看各檔個股的本益比。標普 500 股價指數的本益比，現階段為平均 22 倍左右。日益增加的科技企業，或以成為 10 倍股為目標的企業，本益比會更高，也有很多個股因為虧損，所以沒有數值。無論如何，本益比是一個參考指標，高於 22 倍，表示相對於獲利，股價偏高；低於 22 倍，就可以當成相對於獲利，股價算便宜。

此外，最好再看看近 5 年的本益比變化，掌握住公司的趨勢是多頭還是空頭。如果判斷比平常時的本益比（Normalized PER）更便宜，便可以進一步討論購買的可能。

美股其次要看的是每股盈餘。每股盈餘是用本期淨利除以已發行股票總數，這個數字是投資人可獲得的每股股利的參考基準。

　　每股盈餘越高，越受投資人歡迎，可以判斷短期內股價應該會漲，就像職棒或職業足球 J 聯盟的總教練很在意球隊排名一樣，美國企業的社長或財務長也很在意每股盈餘成長了多少，因為這會影響到他們的獎金和股票選擇權（Stock Option）的水準。

　　每股盈餘能得到正面評價，通常是營收比去年同期成長 5% 以上，每股盈餘成長 10% 以上的狀況。這樣的企業，一般股價一年可以成長 7% 至 8% 左右。如果連續 3 年都成長 20% 以上，這就是很明確的成長企業，投資人便會判斷是成長股。這種企業股價一定會漲，經營團隊也會大獲好評。所以美國企業有很大的壓力，不得不調整每股盈餘。買庫藏股可以穩定股價，所以有經營團隊籌資也要買庫藏股。

　　如果是為了將來發展、籌資投資設備，還可以理解這種做法，但的確也有經營者只考慮到如何度過這一

小知識

● **庫藏股**：指公司重新買回已發行的股票，並存放於公司，而尚未註銷或重新售出。

圖表 3-6 **看清企業獲利的方法**

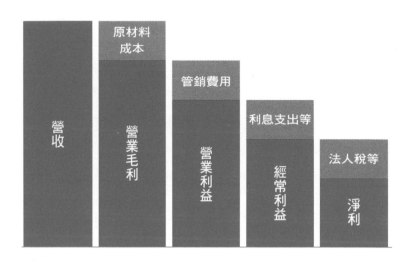

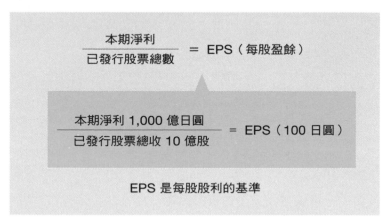

季，讓投資人對自己的經營手腕有好評，不讓股價下跌，反而專注於維持超越市場水準的每股盈餘。

對於這種積極且眼光短淺的美國企業經營方針，我覺得歐洲企業的經營階層是冷眼相待的。美國企業的經營文化就是「無論要犧牲什麼，總之先求成長」。只是買庫藏股推升股價，不代表公司整體狀況得到改善，所以有時投資人也不能只注意表面價格。

選擇權交易

全球投資非常需要腳踏實地，這也是奠基於原則六提到的天、地、人觀點的投資，如果最後要再加上一點，那就要升級投資手法。

這裡所謂升級，就是以投資理論與手法為本，升級自己的致勝模式，與時俱進。雖說是要長期投資，但並不代表在期間完全不需要改變手法。

根據已經介紹的三大投資理論，相較於二十世紀的投資技術，二十一世紀已經升級到另一個層次了，特別是金字塔型累積資產計畫的第 2 層及第 3 層（見第 73 頁），更需要升級後的技巧，因此，我接著要說明 3 種

重要的升級手法。

在基本的保守型投資之上，累積積極型投資是很有效的做法。不過升級方法時，我希望大家能先注意到選擇權交易，這種交易方式將買賣當作一種權利，可以在特定日期（到期日），以特定價格（履約價格）買賣股票或債權，就像買保險，以因應未來的價格變動。

前面也再三提及，股票投資獲利大致可分成兩種，一種是股息等的現金收入，另一種是股價上漲的資本利得。除了這兩種之外，選擇權交易所得的權利金，可稱為第 3 種獲利手段。

建構起「現金收入＋資本利得＋權利金」這三重獲利結構，可以更進一步提高投資效率，我非常推薦。

股票的選擇權交易，在美國已經行之有年，那斯達克網站提到：「這是全球取得現金收入的最佳戰略之一。」金融資訊雜誌《巴倫週刊》（Barron's）則寫道：「現存最偉大的戰略之一。」都給予選擇權交易高度好評。

如前所述，選擇權交易是一種衍生性商品，一聽到衍生性商品，有人就會很緊張，以為這是不是投機的一種？其實在用日圓買美元的交易背後，也有衍生性商

品。用戶到銀行櫃檯兌換美元，而金融機構其實是在 2
日後才會兌換，此時金融機構會利用美日的利差進行衍
生性交易。日本好像也有投資人誤以為選擇權交易很危
險。會有這個印象，是因為 2011 年東日本大地震時的
大空頭市場所致。

那時從事選擇權交易的日本向日葵證券因為槓桿開
太大，損失慘重，被迫退出證券事業，這件事是導火線
之一。如果不開槓桿，只針對個股進行選擇權交易，就
可以抑制風險、期待報酬，是很安全的投資手法。

新冠疫情蔓延之際，各先進國家為了振興一蹶不振
的消費，紛紛撒鈔救市。美國川普政權和之後的拜登
（Joe Biden）政權祭出高額補助款，每人最高的補助金
額可高達 3,200 美元。美國據說有不少年輕散戶，就把
這些補助款拿來操作選擇權。這也就表示對美國人來
說，選擇權交易真的是很稀鬆平常的手法，只要會一般
算數，就可以理解選擇權交易。

雖說這是升級的手法，其實門檻並不高。我要再次
強調，對美國人來說，選擇權交易就是平常的投資手法
之一。

接下來我盡量用簡單明瞭的說法，來解釋選擇權交

易的本質。

「買股票時最討厭什麼事？」對許多人來說，最討厭的應該是股價下跌，如果可以一路漲個不停，當然是萬萬歲，可是再怎麼績優的個股，也一定會有下跌的時候。小跌可能還忍得住，萬一暴跌，心態可能就垮了，然後自怨自艾「早知道就不要貪心，在多頭市場時獲利了結就好了……」，而後悔不已。其實，選擇權交易的本質，就是要消除這種不安，像是預防股價暴跌而買的「保險」一樣。

只要是投資人，一定都希望自己的持股一漲再漲，卻也知道股市存在著暴跌的風險，此時如果有這種「保險公司」（買方）出現，投資人（賣方）會怎麼想？「萬一股價暴跌，我會用暴跌前的股價，買進你手中的持股。我為你提供股價下跌時的保險，所以請你支付保費（權利金）給我。」對不想因股價下跌而大虧的投資人來說，這真的是雪中送炭，就算持股大跌，也會有人用下跌前的價格，買走自己手中的股票，所以就算要支付保費（權利金），也想為自己的持股買保險。

以下從兩個角度說明這項交易的內容：

買方：「2 個月 ，個股 A 的股價如果跌破 95 美元，不論跌到剩多少，我都會用 95 美元買進，但你需要支付 500 美元的保費（權利金）給我。」

賣方：「2 個月 ，個股 A 的股價如果跌破 95 美元，不論跌到剩多少錢，你都要用 95 美元買進我手中的個股 A。相對的，我會支付 500 美元的保費（權利金）給你。」

除了暴跌以外，想買的股票股價變貴也很讓人懊惱，而選擇權交易的另一個作用，就是預防股價上漲。

將來個股 B 的股價如果會一直漲上去，我就想用起漲前的價格買進，可是沒有人能看準將來的股價變化，如果等了很久，股價沒升，你應該也不會想買，這時選擇權交易又可以派上用場。

於是，你提出一種交易：「股價急漲時，我會用起漲前的便宜股價，將我手中的個股 B 賣給你，但你需要先支付保費（權利金）給我。」投資人應該會想，「個股 B 的股價今後如果會漲，我會很想要。當股價上漲時，希望你用起漲前的股價賣給我。作為代價，我願意支付保費（權利金）。」

以下也從兩個角度舉例說明：

買方：「3 個月 ，個股 B 如果漲破 110 美元，不論漲到多少錢，我都會用 110 美元，將個股 B 賣給你。相對的，你要支付 300 美元的保費（權利金）給我。」

賣方：「3 個月 ，個股 B 如果漲破 110 美元，不論漲到多少錢，我都會用 110 美元買進。相對的，我會支付 300 美元保費（權利金）給你。」

這種選擇權交易如何提高投資效率？具體方法將在第 4 章中說明。針對此種交易模式，大家要先記住以下 3 件事：

1. 選擇權交易是僅次於現金收入與資本利得的第 3 種獲利來源。

2. 把選擇權交易當成保費（權利金）交易而非股票，更容易上手。

3. 只要利用想買賣的價格活用選擇權交易，就可以鎖定複合報酬，在空頭局面，也能得到好的獲利表現。

　　接下來要介紹移動停損停利（Trailing Stop）與股息再投資計畫（DRIP）。我想很多人是第一次聽到這兩種手法，以下簡單說明。

　　移動停損停利，就是隨著股價漲跌，自動提高停損停利單價格，也可說是在抑制風險的同時，也不錯失賣股時機的手法。

　　移動（Trailing）這個字有追蹤的意思，指在股價看漲的局面，一邊追蹤獲利了結的條件，一邊抑制風險，以求獲利最佳化。舉例來說，如果你下了一張停損停利單，條件是「100 美元的個股，跌到 75 美元就賣出」，當股價反轉向上，漲到 150 美元甚至 200 美元時，也不會賣出股票，**移動停損停利的概念是，在股價上漲到一定程度，開始反轉向下時，就先獲利了結。**

　　假設我們下了一張移動停損停利單，條件是上漲的股價一旦下跌 25％，就賣出股票。有些證券公司提供自動設定功能，有些不提供。如果你往來的證券公司帳戶沒有此功能，那就根據這個概念，定期自行變更停損停利單價格即可。

　　若股價從 100 美元漲到 200 美元，跌 25％ 則是 150 美元。即使沒有在 200 美元時脫手，利用移動停損

停利單，也可在 150 美元時獲利了結，依舊能賺取 50 美
元的價差。如果能在 200 美元時獲利了結當然最好，但
沒有人能看準股價天花板何時出現，能在跌到 150 美元

圖表 3-7　利用移動停損停利，跌破停損線自動出場

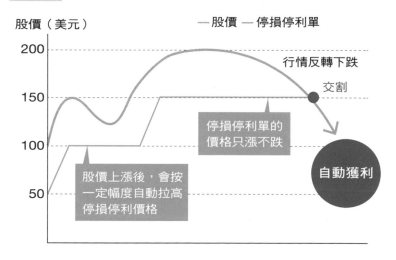

股價（美元）　　　　　　　—股價 — 停損停利單

行情反轉下跌

交割

停損停利單的
價格只漲不跌

自動獲利

股價上漲後，會按
一定幅度自動拉高
停損停利價格

時獲利了結，以投資的角度來說，也算是成功的投資。

　　另一種是股息再投資計畫。股息再投資計畫是複利擴大資產的鐵則應用。一般股利都是現金交付，然後投資人自行再投資，不過如果運用股息再投資計畫，投資人不會收到現金股利，而是自動再投入股市。股利扣除稅金後，會直接買進股票，如果扣除稅金後的金額，不足以購買最小單位股票時，就會買零股，而且不用支付手續費。

特殊目的的收購

　　富豪矚目的投資標的之一，包含前面提到，在美國市場快速增加的 SPAC。活用 SPAC，即可讓剛剛創業的非上市公司上市，因此 SPAC 和首次公開募股一樣，都是很盛行的投資手法。

　　除了美國市場以外，英國倫敦證券交易所（London Stock Exchange）、德國法蘭克福證券交易所（Frankfurt Stock Exchange）、法國巴黎泛歐交易所（Euronext Paris）、加拿大多倫多證券交易所（Toronto Stock Exchange）、韓國交易所（Korea Exchange）等，也都

允許 SPAC 掛牌上市。

美國則是在 2020 年以後，有許多 SPAC 轉 IPO 上市。2021 年的 IPO 是前一年同期的 2 倍，首次超過 1,000 家公司。IPO 盛行的背後，除了股價偏高的趨勢外，SPAC 的存在也是重要因素。

2021 年，SPAC 上市件數合計 613 件，占全體 IPO 的 63%，近來則有半數以上的 IPO 為 SPAC。

目前 SPAC 無法在日本市場掛牌上市（按：臺灣目前未引進 SPAC 上市制度），但在日本政府的成長策略實行計畫中，也提到以 SPAC 作為支持新創企業成立與成長的措施之一。不久的將來，SPAC 也可能會進入日本市場。

SPAC 在掛牌上市時，本身沒有任何事業，就像是沒有內容物的空殼，也有人稱之為「借殼上市」。在日本政府的成長策略實行計畫中，對於活用 SPAC，促成新創公司上市的流程整理如下：

1. 有分辨企業好壞能力、眼光獨到的經營者成立 SPAC。

2. 經營者讓 SPAC 在股市上市，進行最初籌資。

3. SPAC 上市後，經營者選擇收購標的候選公司，進行收購協商。

4. 經營者在 SPAC 的股東大會上提出收購案，取得股東（含一般投資人在內）的同意。

5. 上市後向一般投資人籌措來的資金，必須委託信託銀行，如果一般投資人反對收購，則必須返還資金給投資人等，有保護投資人的制度。此外，實施收購時，也會向專業機構投資人等新增籌資。

6. 被 SPAC 收購後，新創公司就會成為上市公司。

並非所有原為空殼的 SPAC，都會成為有事業的公司，也有以空殼作收，資金打水漂的風險。只要投資人有風險承擔力，投資 SPAC 也沒問題，這其實就像是買彩券，沒有人會抗議自己買的彩券沒中獎。應該很多人投資 SPAC 的心態就是「賭一把，有中最好」。

不過，進入 2022 年後，美國 SPAC 的 IPO 突然萎縮，應該是美國證券交易委員會（Securities and Exchange Commission，簡稱 SEC）主席詹斯勒（Gary Gensler）為保護投資人，提及將強化 SPAC 資訊揭露的影響。

今後 SPAC 的環境會如何變化還很難說。此項投資為高風險交易,各位務必確實掌握 SPAC 的狀況,慎重判斷投資與否。

CHAPTER

4

金字塔型
累積資產計畫

　　我建議富豪候補以金字塔型累積資產計畫，分 3 階段累積資產，如同前述說明，這個金字塔由下頁圖表 4-1 的 3 層構成。

　　你沒有必要在還未晉升富豪、金融資產還少的時候，就開始布局第 3 層的超積極型，因為第 3 層雖然可以期待高報酬，但風險也高。

　　在資產和經驗皆不足的階段，如果大手筆布局高風險投資，可能會讓手邊原本寬裕的資金大幅減少，甚至被迫退出市場。

依閒置資金分三階段布局

　　那麼應該怎麼做？以下以富豪候補的散戶為對象，說明金字塔型累積資產計畫的靈活應變法。

　　具體如第 124 頁所示，依閒置資金多寡，分成 3 個階段活用金字塔型累積資產計畫（我的假設是從未滿 100 萬日圓開始，分階段累積資產；如果你已經有 100 萬日圓以上的資金，則可選擇合宜的階段開始）。

　　不論是不是全球投資，投資金額的基本原則是，這些錢就算全部拿不回來，也不會影響你的生活，如果會

圖表 4-1 金字塔型累積資產計畫，3 階段累積資產

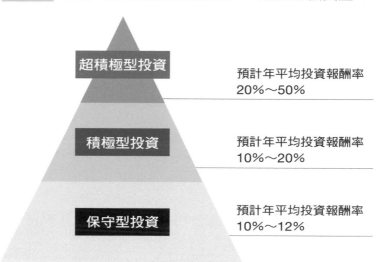

超積極型投資　　預計年平均投資報酬率 20%～50%

積極型投資　　預計年平均投資報酬率 10%～20%

保守型投資　　預計年平均投資報酬率 10%～12%

※這裡記載的預計年平均投資報酬率僅供參考。但只要根據自己的投資經驗和資產計畫，設定適合自己的水準，就能有效累積資產。

影響，就不要拿去投資。

3 階段的金字塔型累積資產計畫活用法：

• 階段 1：閒置資金未滿 100 萬日圓→只布局保守型投資。

• 階段 2：閒置資金 100 萬日圓以上，未滿 500 萬

日圓→保守型＋積極型。

- 階段 3：閒置資金 500 萬日圓以上→保守型＋積極型＋超積極型。

● 階段 1：閒置資金未滿 100 萬日圓→只布局保守型投資

在閒置資金未滿 100 萬日圓的階段，就優先建構一個又大又厚實的基底吧。

股票投資時，第一桶本金越多，投資效率越高，因此在金融資產超過 100 萬日圓之前，要盡可能節約支出，籌措第一桶金，然後用於穩健保守的投資。

假設你有 50 萬日圓，以年平均投資報酬率 12% 進行複利理財，到了第 6 年，你的資產就會接近 100 萬日圓，便可以邁入階段 2。因此，除了股票，也要重新檢討固定費用的支出，以快速累積第一桶金。

或許有人對富豪有「花錢不手軟，奢侈浪費」的印象，就我所知，反而相反，特別是富豪候補，他們只會把錢花在刀口上，討厭浪費、質樸剛毅的人比較多。在食衣住行方面，如果有不必要、可以省下來的花費，就要檢視一番，試著把這些錢都拿來作為本金。

　　搬到房租較便宜的房子，手機換到比較便宜的電信公司，重新檢查保險規畫，光是這麼做，一個月可能可以省下數萬日圓，假設一個月可以省下 2 萬日圓，一年就是 24 萬日圓，就算目前零存款，但只要 4 年，就可以存下 100 萬日圓。

● 階段 2：閒置資金 100 萬日圓以上，未滿 500 萬日圓→保守型＋積極型

　　閒置資金超過 100 萬日圓後，就在保守型投資的基礎上，再累積積極型投資。分散投資的參考比例是，保守型：積極型＝1：1。

　　我來舉例說明分散投資。

　　不論是保守型或是積極型，原則上都要平均投資 25 檔個股：

　　閒置資金 200 萬日圓：保守型 100 萬日圓（4 萬日圓×25 檔個股）＋積極型 100 萬日圓（4 萬日圓×25 檔個股）。

　　閒置資金 300 萬日圓：保守型 150 萬日圓（6 萬日圓×25 檔個股）＋積極型 150 萬日圓（6 萬日圓×25

檔個股）。

閒置資金 400 萬日圓：保守型 200 萬日圓（8 萬日圓×25 檔個股）＋積極型 200 萬日圓（8 萬日圓×25 檔個股）。

閒置資金 500 萬日圓：保守型 250 萬日圓（10 萬日圓×25 檔個股）＋積極型 250 萬日圓（10 萬日圓×25 檔個股）。

這個例子僅供參考，可依此比例，調整成適合自己的分配。

如果你希望盡可能不承擔風險，那也可以加重保守型的比重，保守型投資：積極型投資＝6：4 或 7：3 也可以。

當然保守型投資占比越高，可期待的報酬一定會變少。所以我建議大家一邊累積經驗，同時逐步提高風險承受度，努力讓日後的比例可以達到保守型投資：積極型投資＝1：1 的水準。

如果你覺得多承擔一點風險也無妨，也可以從保守型投資：積極型投資＝1：1 開始，逐步增加積極型投資，嘗試達到 4：6 的比例也可以。

「我想要更多報酬！」這樣的人當然可以更進一步提高積極型投資的占比，不過太貪心的話，也會提高失敗風險，所以一開始我建議還是以 4：6 為上限。

● 階段 3：閒置資金 500 萬日圓以上→保守型＋積極型＋超積極型

到了這個階段，資產規模還不能說是高枕無憂，你需要和富豪一樣，繼續用金字塔積極增加資產。

資產分散投資參考比例是，保守型：積極型：超積極型＝5：3：2。假設你的閒置資金有 500 萬日圓，就是保守型 250 萬日圓，積極型 150 萬日圓，超積極型 100 萬日圓。

以上大致說明了階段 1 到階段 3 的內容，但都只是參考，並不是說本金未滿 100 萬日圓，就絕對不能布局積極型。

大家先掌握基本原則，再因應個別條件需求布局。未滿 100 萬日圓，以保守型投資為主的人，當閒置資金接近 100 萬日圓時，也可以先小額投入，布局積極型試水溫。

不論是在金字塔哪一層，都要記住一件事：證券帳戶中一定要有現金。如果手頭沒有立即可用的現金，當個股出現絕佳買點時，你不但要賣股變現，還無法靈活的新增或加碼。

即使是閒置資金多、可承受風險的富豪，我也會建議他們全體資金的 20% 左右，要以現金的形式存在證券戶中，以保留現金購買力。而閒置資金少，還不是富豪的**散戶，我建議大家保留閒置資金 30%～40% 左右的現金。**

保守型投資，股利為主

接下來我要進一步詳細說明金字塔的每一層。

首先第 1 層介紹保守型投資，這是每個投資人都應該累積的基礎。一半的閒置資金要用在這一層，標的以績優股為主，運用低風險、中報酬的策略，以年平均投資報酬率 10%～12% 為目標。

年平均投資報酬率 10%～12% 的目標，透過全球股票的成長（資本利得）＋股利成長（現金收入）的長期×複利理財來實現。

雖說是保守型，但年平均投資報酬率 10% 這個數字，對於想快一點增加資產的人來說，可能還是太少。就我的經驗來說，越是富豪，貪心追求高投資報酬率的人，比例越少。他們原則上不缺錢，所以只要投資內容可信，有一定程度的殖利率，就可以滿足他們。

風險與報酬是一種取捨，期待的報酬越高，風險越大，投資並沒有每個人通用的最佳解答。在這個前提下，如果要設定一個報酬率，以保守型來說，多數富豪可以接受的年平均投資報酬率是 10%～12% 左右。連風險相對較低的債券，也可以期待 3%～5% 左右的年平均投資報酬率，或是指數型基金，也有年平均投資報酬率 7% 左右的實績。

不是債券投資也不是指數型基金，而是布局全球（或加入這兩項）的話，即使因此需要承擔一些風險，也希望投資績效能比這兩項商品更好。再者，考慮到約 20% 的稅金，我個人認為年平均投資報酬率 12% 左右是一個可以接受的數字。

如果期待太高，要求年平均投資報酬率 20% 以上，要承擔的風險就太高了。後面會說明，我也建議富豪布局超積極型投資，勇於承擔風險，鎖定 20% 以上

的報酬。但累積資產，還是要靠保守型投資。

假設一間公司本年度發放 100 日圓股利，如果業績持續長紅，明年度發放的股利就會增加，增加配息後，股利也可能變成 105 日圓，如果公司持續提高配息，自然可以穩定累積資產。

日本連續 30 年以上增加配息的股票只有花王，但在美國就有寶僑、3M 等公司，還有連續 60 年以上都增加配息的個股。全球股票中也有許多這類個股，利用股利成長，就能擴大金字塔的基礎。

股利也可說是企業對投資人的態度，企業會考量到信賴感和承諾，去設定股利政策。如果企業按自己需求，一下子增加配息，一下又減少甚至停止，就會影響股東對公司的信任。

在歐美地區，企業會將股東與其代理人，亦即經營者之間的關係列入考量，所以一般歐美企業的普通股利，每年都會緩步成長，藉此營造出獲利分享給股東的信賴感，業績很好時就發放特別股利，或透過買庫藏股等手法推升股價。

假設未來 10 年，股價和股利一年都成長 5％，透過複利，年平均成長率就是 9.2％，美國的股價指數平

均成長率為 7%，所以這已經是相當保守的估算。若積極一點假設股價一年成長 7%，股利也隨之一年成長 8%，那麼 10 年的年平均成長率就是 11.4%，年平均投資報酬率 12% 也是有望實現的數字。

自己選不出股票，就投資 ETF

我要再三強調，投資全球的基本原則就是長期×分散投資。而且，我建議把閒置資金分散投資到 25 檔個股，每檔各投資 4% 資金。假設閒置資金為100 萬日圓，就相當於 1 檔個股投資 4 萬日圓。每檔個股投資一樣的金額，計算起來比較簡單，也相對容易管理。

本書雖然推薦各位投資全球股票，但從國際化的觀點來看，也應該避免 25 檔個股全部都投入全球股票。

被全球專業機構投資人當成投資基準的 MSCI 指數中，美股＋加拿大股票就占了全體的 70% 左右，歐洲股票占 25%，日股則僅占 6% 左右。在這種現狀下，全球股票：美股＝5：5 或 4：6，會是一個較理想的狀態。也就是說，如果你要投資 25 檔個股，大概是全球股票 10～13 檔、美股 12～15 檔，若有特別在意的日

股，就投資 1～2 檔的概念。

　　日股的最小購買單位為 100 股，不過全球股票和美股的最小購買單位都是 1 股。根據 2024 年 3 月 7 日股價，我推薦的荷蘭空中巴士（EADSY）1 股只要 43.04 美元左右，德國慕尼黑再保險公司（MURGY）則是 1 股 46.98 美元，如果投資金額是 4 萬日圓，可以買 5 股左右。

　　不過我這樣建議，也並不是指不能打破 4 萬日圓 ×25 檔個股的原則，一開始投資的個股數也可以少一點。各位可以隨著本金的累積，慢慢增加個股數，一步一步向前邁進。成功也好，失敗也罷，都是寶貴的經驗，等到可以掌握致勝模式，就可以考慮建立自己的原則，並依據此原則投資。

　　如果你覺得難以選出 25 檔個股，管理起來也很麻煩」，可以試著組合全球股票與美股的 ETF。ETF 就是根據類別，分散投資複數股票的商品，所以買 ETF，也可說是在分散風險。舉例來說，如果你覺得自己最多只能管理 15 檔個股，那就用剩下的閒置資金，購買多支 ETF，實質上也等於分散投資到 25 檔個股以上。

　　不過，比起精挑細選的績優股，ETF 的投資報酬率

圖表 4-2 臺灣可投資 ETF 一覽表

證券代號	證券簡稱
0050	元大台灣 50
0051	元大中型 100
0052	富邦科技
0053	元大電子
0055	元大 MSCI 金融
0056	元大高股息
0057	富邦摩台
006203	元大 MSCI 台灣
006204	永豐臺灣加權
006208	富邦台 50
00690	兆豐臺灣藍籌 30
00692	富邦公司治理
00701	國泰股利精選 30
00713	元大台灣高息低波
00728	第一金工業 30
00730	富邦臺灣優質高息
00731	復華富時高息低波（原簡稱：FH 富時高息低波）
00733	富邦臺灣中小
00850	元大臺灣 ESG 永續

（接下頁）

證券代號	證券簡稱
00878	國泰永續高股息
00881	國泰台灣 5G+
00891	中信關鍵半導體
00892	富邦台灣半導體
00894	中信小資高價 30
00896	中信綠能及電動車
00900	富邦特選高股息 30
00901	永豐智能車供應鏈
00904	新光臺灣半導體 30
00905	FT 臺灣 Smart
00907	永豐優息存股
00912	中信臺灣智慧 50
00913	兆豐台灣晶圓製造
00915	凱基優選高股息 30
00918	大華優利高填息 30
00919	群益台灣精選高息
00921	兆豐龍頭等權重
00922	國泰台灣領袖 50
00923	群益台 ESG 低碳 50（原簡稱：群益台灣 ESG 低碳）

（接下頁）

證券代號	證券簡稱
00927	群益半導體收益
00929	復華台灣科技優息
00930	永豐 ESG 低碳高息
00932	兆豐永續高息等權
00934	中信成長高股息
00935	野村臺灣新科技 50
00936	台新永續高息中小

資料來源：臺灣證券交易所。

相對比較保守，可能不一定能有 10% 以上的年平均投資報酬率，所以一開始先用「全球股票＋美股＋ETF」的複合技巧，累積投資經驗，等到你有把握管理更多的個股時，再逐步增加個股投資的占比，並減少 ETF 的比例。

這麼一來，你便可以培養出自己對行情的看法，該加碼時加碼，該保守時保守，未來便可期待獲得更好的報酬。

至於買全球股票和美股時，該如何選標的？首先要分散業種──不要過度集中在有限的業種內，而是布局多個業種。

你可以上網搜尋，先看看同一業種內，市值前五大公司的業績，**比起市值第 1 的個股，第 2～3 名的個股更有成長空間，較能賺取價差**。選股時的基準則會因全球股票與美股而有所不同，這一點我已經在第 3 章（見第 100 頁）中稍微提過，這裡再帶大家複習一下。

以歐洲為主的全球股票，通常關注的是淨利，與現金流量最近 5 年平均成長率。如果個股最近 5 年淨利與現金流量的平均成長率，比全體市場平均或是同業平均更高，就可望成為投資人高度期待的候選投資標的。

如果是美股，就先看看本益比和每股盈餘。

本益比低於標普 500 平均值 22 倍，股價偏低，且營收比去年同期成長 5% 以上，同期間每股盈餘成長 10% 以上的個股，股價可望有 7% 至 8% 的年成長率，這種個股就是候選標的。如果淨利、現金流量、本益比、每股盈餘等比起來都差不多，便看投資人重視什麼，再據以鎖定標的。

如果重視股利帶來的現金收入，就選擇股利發放率較高的個股；如果看重價差獲利，則該選擇營收和每股盈餘成長率較高的股票；若重視本益比，也可以比較過去 5 年的本益比水準，投資眼下水準較低的個股，也是

一種想法。假使比較這麼多因素後，還是相持不下，我認為選哪一檔都可以。

在我還是基金經理人時，同事常問我「瑞典這兩家

小知識

台股可於台灣股市資訊網查看歷年現金流量，以台積電（2330）為例，路徑：輸入代號→基本概況→現金流量。

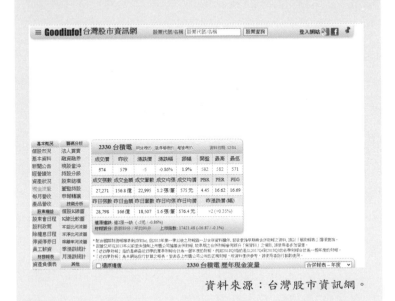

資料來源：台灣股市資訊網。

銀行，如果是你，你會投資哪一家？」每次聽到這種問題，我都回答：「選哪一家都對，不是嗎？」我不是亂說，而是多方調查比較後，仍無法分出高下，當然選哪一個都可以，甚至也能兩個都買。時間有限，所以把時間花在選擇投資主題，以取得全體平衡上，更有意義。

假設想了半天還是做不出決定，就乾脆都不買，或是全買，這種方法算不上是聰明投資。假如你在 A 公司和 B 公司之間猶豫許久，最後決定投資 A 公司，結果後來 A 公司業績下滑，股價下跌，你因此後悔「我錯了！當時還是應該選擇 B 公司才對」，這也是一個寶貴的教訓，下一次再面對類似狀況時，你就做出更合理的判斷。

以 20／25 原則再平衡

既然是長期×分散投資，就必須進行再平衡，更換組合中的持股內容。

前面提及再平衡時，我建議採用 20／25 原則，也就是當股價漲 20% 後，就先獲利了結，股價跌 25% 就售出，本節將仔細說明此原則。

假設 100 美元買進的個股，漲了 20% 到 120 美元時就先賣出，每股確定獲利 20 美元，再把這筆獲利用於投資。反之，若個股跌了 25%，變成 75 美元時就先賣出，每股確定損失 25 美元（停損），藉此預防股價跌得一發不可收拾。

投資 25 檔個股，每檔個股投入 4% 資金，就算股價下跌 25% 而停損，損失也不過占全體投資組合的 1%。單純計算來看，閒置資金如果是 100 萬日圓，損失就是 1 萬日圓；閒置資金如果是 500 萬日圓，損失則可控制在 5 萬日圓，若搭配第 115 頁提及的移動停損停利概念的話，實際損失更為有限，甚至可能小賺。

當股價由高點反轉下跌 25% 時，你可以一次全賣，但當股價上漲 20%，準備獲利了結時，不要一次全部了結，因為要賣出的個股之後可能繼續漲，翻 2 倍股或 3 倍，一次全部賣，有可能眼睜睜錯失賺進大筆價差的機會。

如果要賣出的個股（企業），其事業環境或附加價值並未改變，就重新出發，等股價到相對便宜的水準時再買進也可以。

當股價上漲 20% 要獲利了結時，可以先判斷要賣

圖表 4-3　以 20／25 原則再平衡投資組合

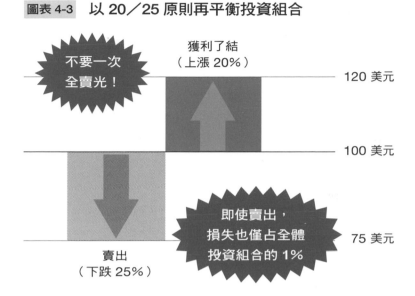

出三分之一，還是一半，這樣也足以得到再平衡帶來的
投資組合更新效果。

　　說實話，一次到底該賣出多少，並沒有標準答案。
舉例來說，如果這檔個股是你所有持股中，很喜歡且重
視的，就可以考慮只賣三分之一，期待後續進一步上
漲，如果沒那麼重視，則可以出售一半。如果股市全
體進入下跌局面，不太能期待多頭行情時，就可以在漲
10％ 時賣出一半，漲 20％ 後就清空。

當然，合宜的數值會因為個股屬性（便宜股或成長股）而異，採取美國投資人的思考模式：只要持續操作股市，就能不斷持股，並找出許多成長股。

隨著實戰經驗越來越豐富，你自然會有一些心得，例如「出現這種波動的個股，只要上漲 20％，最好先賣出一半」，或是「這類個股上漲 20％，先只賣出三分之一，再觀察看看比較好」，等你越來越清楚自己對風險的承受度後，再來建立自己的獲利模式。

不同業種的股價波動幅度也不盡相同。如果是生活必需品和公益事業等，股價波動不太受景氣影響的業種，上漲 15％ 時，或許就要考慮賣出。而股價波動容易受到景氣影響的汽車和快時尚等一般消費品、金融業種等，則可以等到漲 25％，再考慮賣出。而成長顯著的高科技業種，應該可以定在 30％ 左右。

以便宜股為主的投資組合要獲利了結時，可以用 20％ 當作基準，上下可以有 5％～10％ 左右的波動。

積極型投資，願意花錢買資訊

階段 2，除了保守型，也會採取積極型，以求獲取

更高報酬。我們該如何鎖定積極型的標的？**保守型除了資本利得，也重視股利等現金收入，積極型則更為重視價差獲利。**

找出股價偏低的成長股，在股價起飛前買進，藉此鎖定價差，此時如果能發現未來的 10 倍股，就能一口氣提高投資效率。

話雖這麼說，但實際上要找出成長股並沒有那麼簡單，因為這不是靠上網搜尋就能找到。如果只依賴誰都能輕易取得的資訊、追捧多數人推薦的個股，很難找出翻倍股，所以在此階段要努力蒐集資訊，你得願意為有價值的資訊花錢，這也是積極型投資該有的態度。

紙本或電子書都好，訂閱業界最經典的《日本經濟新聞》、《週刊 Diamond》、《公司四季報》，或美國報紙《華爾街日報》（*The Wall Street Journal*）等，也是好方法，你還可以更進一步，閱讀更為仔細追蹤分析業種動向的報章雜誌。

為管理資產而不惜血本的富豪，不會吝嗇花錢購買資訊，即便是目標累積大規模資產的散戶，應該也很願意每月花數百日圓到數千日圓買訊息。

這麼說雖然有點老王賣瓜，不過我擔任首席策略師

的日本牛津俱樂部也可以提供保守型及積極型所需要的有益資訊（按：臺灣牛津俱樂部也有提供電子報訂閱服務）。

不論是免費或付費，接收資訊時，最重要的是區分主觀意見與事實。

哲學家尼采（Nietzsche）有句名言：「沒有事實，只有詮釋。」社群媒體或 YouTube 也可以獲取大量股票投資資訊，但其中除了事實之外，還包含大量個人見解與解釋，甚至也有一些人是利用媒體自我炫耀，滿足自己的尊重需求。據說不少人都是試圖誘導散戶購買特定個股，以讓自己手中持股獲利。

參考其他人的意見沒有不好，但不能照單全收，只重視某種特定資訊，也會偏離中庸之道。這個原則不僅適用於免費資訊，也適用付費資訊，後者雖然是付費取得，但沒人可以保證消息一定正確，最終還是要靠自己判斷，替自己負責。

用 Google 翻譯看年報

更深入發掘個股資訊的手法之一，就是檢查全球企

業對投資人公布的公司年報。

　　在谷歌（Google）上，以個股名稱（如葛蘭素史克）或股票代號（如 GSK）」，與「investor relations」（投資者關係）為關鍵字搜尋，便可以找到企業提供給投資人的半年報和年報等資訊。日本企業年報等公開資料，經常將結論寫在最後，不過全球企業常常開頭就會簡單扼要指出這類資訊。各位可以善用谷歌翻譯或 DeepL 翻譯等軟體，或是手機 App，譯出一開始的 3～6 頁閱讀，投資人便可以在公開資料中，確認企業的財務資訊。

　　既然要投入自己的資金，當然要仔細確認財務訊息。但我想就算是日股，應該也很少人會仔細閱讀有價證券報告書，甚至資產負債表。不只是投資標的，想必也幾乎沒有人會去確認自己任職公司的財務報表吧？

　　如果閱讀英語資訊讓你很痛苦，那也可以選擇不看財務細節。仔細蒐集還未反應在股價上的因素，看準這些因素提升股價的時機點，也是重要關鍵，然而，即使是長年研究該檔個股的投資專家，也很難了解財務資訊會如何反應在股價，或公司未來的業績走向上。

　　業績雖然出乎意料的好，但市場早已看穿這一點而

提前反應的話，股價就不會漲太多；反之，就算財報出來業績很差，如果市場已提前反應，只要實際業績沒有比市場預期更糟，股價還是有可能上漲。

　　從這些事實來看，選擇不仔細看財務資訊，也不是一件壞事，所以也有一種看法認為，比起眼前的財務資訊，中長期計畫的策略內容及其實現率（預測漲跌）更為重要，似乎也很合理。

　　如果投資人將高額資金集中在有限個股上，便必須徹底分析財務資訊，因為萬一判斷錯誤，可能就要蒙受巨大損失。可是，如果實踐本書推薦的投資方法，分散投資 25 檔個股，每檔只投入少量資金的話，就算判斷

圖表 4-4　**如何檢查年報**

① 以葛蘭素史克（GSK）為例。
在谷歌上輸入「葛蘭素史克 investor relations」或「GSK investor relations」搜尋→點選 Investors－GSK。

② 在葛蘭素史克的首頁點選「Annual report 2021」。

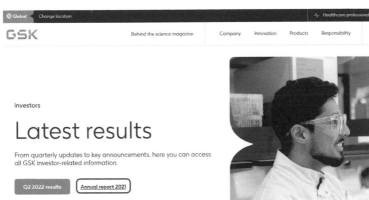

③ 用 DeepL 翻譯（https://www.deepl.com/ja/translator），
複製貼上段落內容。

失誤，對整體帶來的傷害也有限，所以我才會說，不仔細研讀也可以投資。

　　就連股神巴菲特也不是百戰百勝，他也會犯錯而虧損，不管再怎麼深入分析，也不可能將成功率提高到 100％，總之，我想說的是，有限的時間不一定要花在自己不熟悉的財務分析上。

　　階段 2 以後，我建議大家活用選擇權交易。如同第 3 章說明，選擇權交易可說是僅次於現金收入和資本利得的第 3 種獲利手段，透過收支保費，獲得名為權利金的現金收入。這項方法結合分散投資，年平均投資報酬率可望超過 10％。

　　選擇權交易有多種方法，在降低風險、確實獲取報酬的前提下，以下將介紹 2 種：

　　①目標購買（Target Buying）策略。
　　②掩護性買權（Covered Call）策略。

　　我希望大家在階段 2 以後的積極型部分，活用選擇權交易，不過交易對象僅限於金字塔底層的保守型標的。為什麼？因為年平均投資報酬率 10％～12％ 的保

圖表 4-5　靠複利理財，10 年、20 年後會形成很大差距

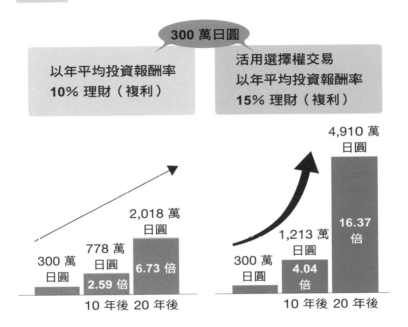

守型個股，如果可以再用選擇權交易賺取權利金，投資
績效可望提升到年平均投資報酬率 15% 左右，再把這
些獲利用複利方式理財，幾年、十幾年後，將會形成很
大的差距。

　　假設 300 萬日圓的資金，以年平均投資報酬率
10% 進行複利理財，10 年後會變成 778 萬日圓（2.59

倍），20 年後變成 2,018 萬日圓（6.73 倍）。

如果再加上選擇權交易，以年平均投資報酬率 15% 理財的話，10 年後會變成 1,213 萬日圓（4.04 倍），20 年後甚至會變成 4,910 萬日圓（16.37 倍）。

就像汽車引擎加上渦輪增壓器就會加速一樣，加入選擇權交易可提升效率，更容易擴大並讓金字塔底層的基礎更加厚實，從長遠來看，績效可觀。

當然，你不需要所有持股都用選擇權交易，保守型分散投資在 25 檔個股上，你只要選擇其中 5 檔，結合選擇權交易即可。

結合選擇權交易可以提升投資效率，這僅限於股價短期內雖然有上下波動，但長期看來價格會緩步攀升的個股，全球股票和美股中有不少這種標的。除了在股價下跌時買進，上漲後賣出的再平衡策略之外，再結合選擇權交易，具體來說，就是股價下跌時，採取目標購買策略，上漲時，實踐掩護性買權策略。

目標價買入策略

接下來我就來說明目標購買策略。所謂目標購買，

簡單來說，就是用自己覺得應該可以買的個股，賺取現金收入（權利金）的策略。

這個概念不好懂，以下舉例說明。假設個股 A 目前的股價是 1 股 100 美元，也是你喜歡且覺得「如果 1 股 100 美元，應該可以買吧」的標的（這一點很重要，如果不想買就不要做選擇權交易）。

一般買股票是下限價單買進，假設你用選擇權交易，以 500 美元賣出「2 個月內，如果個股 A 跌到 95 美元以下，我會用 95 美元買進」的選擇權，而且成交了，此時，95 美元就是履約價格（Strike Price），「2 個月內」，這個約定期限則稱為「到期日」。到期日通常設為 1 個月，不過初學者可以設定久一點，以便交易更行有餘力。

第一次交易，如果 2 個月內個股 A 未跌破 95 美元，你就可以收到 500 美元的現金。第二次交易，如果 2 個月內個股 A 仍未跌破 95 美元，你就可以再收到 500 美元的現金。到這裡，你已經可以收到現金 500 美元＋500 美元＝1,000 美元。

可是股價還是有可能下跌。第三次交易，假設 2 個月內個股 A 跌到 80 美元，因為你和買方約定「如果跌

圖表 4-6　何謂目標購買策略？

股價波動	一般限價單	使用選擇權交易時
股價未下跌到想買的價格	不會買賣	得到現金 （權利金）
股價下跌到想買的價格	買進股票	得到股票和現金 （權利金）

到 95 美元以下，我會用 95 美元買進」，所以你就要用 95 美元，買進時價 80 美元的個股 A。

雖然你會因此有 15 美元的損失，不過換個角度想，個股 A 是你覺得用 100 美元也可以買的股票，當時如果你用 100 美元買進，現在則會有 20 美元的損失，但因為用選擇權交易，你便減少 5 美元的損失，再者，你也已經收到 1,500 美元了，加總後還有獲利。不過，權利金的金額會因個股、到期日而不同，也會因市場行情而波動（見第 153 頁圖表 4-7）。

以上是簡單說明，採取目標購買時，需要注意以下 3 點：

①操作自己想持有的個股。
②準備可購入該檔個股的保證金。

圖表 4-7　目標購買策略 3 步驟

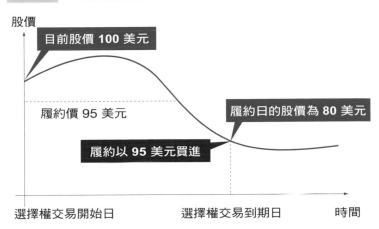

股價

目前股價 100 美元

履約價 95 美元

履約日的股價為 80 美元

履約以 95 美元買進

選擇權交易開始日　　　選擇權交易到期日　　　時間

步驟 1	**設定履約價、到期日、權利金** 履約價可設定在想買的金額，權利金則定在換算成年平均投資報酬率 6%～12% 的水準。 ※準備足以購入該檔個股的保證金。
步驟 2	**等待到期日到來。**
步驟 3	**根據到期日的時間，股價會不同** 履約價（95 美元）＜實際股價 100 美元 →現金收入（權利金）500 美元 履約價（95 美元）＞實際股價 80 美元 →用履約價（95 美元）買進股票＋權利金 500 美元

③設定履約價、到期日、權利金。

第 3 點可以參考以下方式設定。到期日可以定在
25～60 日左右，就像前面說過的，初學者設定在 60 日
（2 個月），交易時比較有餘力。不過要注意的是，在
季報、年報的公開日前，投資人的思緒錯綜複雜，價格
容易受到影響。

履約價則設定在比目前股價低 5%～15% 的價格，
訣竅就是**股價波動劇烈的個股，要設定大一點的價差**，
實際情況會因該檔個股的選擇權交易狀況而異。舉例來
說，投資人要注意哪個價格區間交易量多，在到期日前
是否會發生公布業績等重要事件，這些因素都會反應在

小知識

根據中華民國《證券交易法》規定，上市櫃公司需
在次月 10 日前公布營運情形，例如，現在是 6 月，各公
司應在 6 月 10 日前公告 5 月營收資訊；若遇到假日，則
可順延至上班日再公布。每月 10 日只是最後公布期限，
公司可在 10 日前自由選擇公布營收。

價格上。

　　與其每次選擇權交易都用同樣條件，投資人不如這樣想：最佳條件會依個股、股價變化而不同，較能彈性因應。

　　權利金則設定在換算成年平均投資報酬率為 6%～12% 的水準，這些條件會因價格變動幅度大小，以及市場行情而不同，只要投資人有心找出對自己來說最舒適的水準，會慢慢熟練。第三點設定結束後，就下一張限價單，完成目標購買。

　　接著說明掩護性買權策略。簡單來說，就是用自己持有的個股，賺取現金收入（權利金）的策略。

　　假設你持有目前股價為 100 美元的個股 B，並考慮出售。一般賣股票是下限價單賣出，不過假設你用選擇權交易，以 300 美元賣出「3 個月內，如果個股 B 漲到110 美元以上，我會用 110 美元賣出」的選擇權，而且成交了。

　　第 1 次交易，如果 3 個月內個股 B 未漲破 110 美元，你就可以收到 300 美元。第 2 次交易，如果 3 個月內個股 B 仍未漲破 110 美元，你便能再收到 300 美元。到這裡你已經可以拿到 300 美元＋300 美元＝600 美元

圖表 4-8　何謂掩護性買權策略？

股價波動	一般的限價單	使用選擇權交易時
股價未上漲到想賣的價格	不買進也不賣出	得到權利金
股價上漲到想賣的價格	賺得出售獲利	賺得出售獲利與權利金

的現金。

可是股價還是有可能上漲。

第 3 次交易，假設 3 個月內個股 B 漲到 115 美元。因為你和買方約定「如果漲破到 110 美元，我會用 110 美元售出」，所以你用 110 美元賣出時價 115 美元的個股 B，115 美元－110 美元，看起來損失了 5 美元的資本利得，但這段期間你已經賺了 900 美元的權利金，所以你還是有賺（見第 157 頁圖表 4-9）。

掩護性買權策略的注意事項，和目標購買策略的 3 點類似：

①操作自己想出售的個股。
②設定履約價、到期日、權利金。

圖表 4-9　賣出買權，提升持股的投資報酬率，並穩定期望報酬

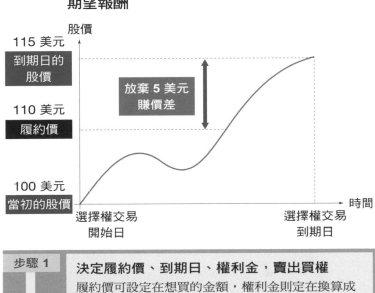

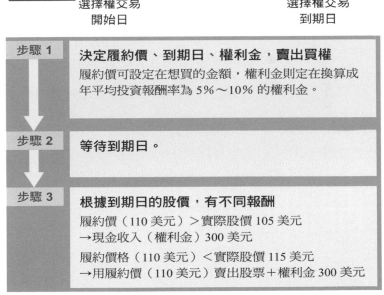

步驟 1	**決定履約價、到期日、權利金，賣出買權** 履約價可設定在想買的金額，權利金則定在換算成年平均投資報酬率為 5%～10% 的權利金。
步驟 2	**等待到期日。**
步驟 3	**根據到期日的股價，有不同報酬** 履約價（110 美元）＞實際股價 105 美元 →現金收入（權利金）300 美元 履約價格（110 美元）＜實際股價 115 美元 →用履約價（110 美元）賣出股票＋權利金 300 美元

③為節省保證金，現股最好放在選擇權帳戶。

其中第 2 點，可參考以下原則調整。

到期日設定 25～90 日，和目標購買策略一樣，初學者設定在 60 日（2 個月）以上，較有餘力。

履約價定在比目前股價高 5%～15% 的價格。股價波動劇烈的個股，我建議價差設定高一點，也可以根據你想賣出的金額去設定。

權利金則定在換算成年平均投資報酬率為 5%～10%，比較容易操作。總之，重視自己是想繼續持有，還是多少錢就想賣出等判斷，更能創造出良性循環。設定結束後，就下一張限價單，掩護性買權就結束了。

此外賣出買權（call）時，需不需要保證金，則依你使用的帳戶而異，如果實體股票和買權交易分別在不同帳戶進行，出售選擇權時就必須繳交保證金。

如果你用選擇權帳戶同時進行實體股票與選擇權交易，當你出售自己持有的股票選擇權時，則不需要保證金，可提升交易的資金效率。

前面說明了目標購買策略與掩護性買權策略的基本內容，你可能會想「這好像有點難」、「該如何實踐才

好？」具體就是在買權與賣權（Put）中，活用賣權。

　　針對實體股票，你決定好想購入的個股和價格後，在選擇權市場根據該條件約定賣出賣權（sell put）。就好像是以限價指定你覺得應該可以買的價格，購買股票一樣的感覺，取得權利金，增加報酬。

　　另外，我要再三強調，買權指的是買進標的資產（此為實體股票）的權利，賣權是指賣出資產（實體股票）的權利。買權與賣權都可以買賣，因此可以因應投資人的策略，產生各式交易組合。散戶活用選擇權交易，便能增加報酬。

　　賣出賣權，以求買進實體股票或只賺取權利金，這種策略就是目標購買策略，而賣出買權（sell call），以

小知識

選擇權有4種操作方式：

	買權（call）	賣權（put）
買方（buy）	預期大漲	預期大跌
賣方（sell）	預期小跌	預期小漲

賣出實體股票或只賺取權利金,就是掩護性買權策略。

雖然有點拗口複雜,不過大家可以一邊實踐,一邊記住。

閒置資金如果超過 500 萬日圓,就和富豪一樣,建立起 3 層的金字塔型累積資產計畫,並將全體資產的10%～20% 左右,分配到超積極型。

超積極型投資有雞蛋水餃股投資、大宗商品投資、創業投資、SPAC 投資等,先前已大略說明過。時間充裕的投資人可以多方嘗試,或許可以從中獲得投資靈感,不太有時間的散戶,就聚焦在股市與選擇權交易,將目標購買等選擇權投資定位為超積極型投資,並反覆交易以加速資產累積,或許會是比較有效率的做法。

接著為大家整理一下,到目前為止介紹的金字塔型累積資產計畫理財方法。

● 保守型投資

分配總資產的 50％ 左右,其中留有 30％～40％(相當於約總投資資產的 15％～20％)的現金購買力,以備空頭行情、買點到來時加碼。

持有個股為全球股票及美股(會發放股利的股票、

成長股），美股則存放於證券公司的選擇權帳戶（以備掩護性買權策略操作之需）。原則採取中長期投資，針對行情漲跌，控制全體投資組合的持股比重（漲就賣，跌就買）。

● 積極型投資

分配全體投資資產的 30% 左右，持有短中期股價看漲的個股，也採取目標購買策略和掩護性買權策略。在資金範圍內（資金全變成個股，也不會出問題）實施目標購買。積極型投資這一層就算現金比率高，也不用太在意，把這一層的資金配置，控制在全體投資資產 30% 左右即可，對短中期股價看漲的個股沒有想法時，不要勉強投資。

● 超積極型投資

這一層就算現金比率高也沒關係，控制在全體投資資產 20% 內即可。對短期股價看漲的個股沒有想法時、沒什麼時間、精力時，不要勉強投資，以淡泊的心態投資很重要。

散戶的優勢

　　我想有不少人認為，在蒐集資訊和資金方面，專業機構投資人比散戶更有優勢，對吧？可是我反而認為，散戶比專業機構投資人更有利。

　　專業機構投資人最大優勢在於，可以拿到散戶拿不到的資訊，但他們也因手中金額過於龐大，因此受到很多限制。專業機構投資人受限於出資人的條件，投資前，標的已受到某種程度的限制，而且只要績效不彰，資金立刻會流出，所以必須在相對短的期間內做出好成績，提高獲利，而散戶所能接收到的資訊量或許較少，可是現在網路盛行，資訊落差已確實縮小了。

　　散戶還有許多專業機構投資人沒有的優勢：投資標的不受限，連風險較高，以至於專業機構投資人無法出手的個股，也可彈性投資。此外，也沒有時間限制，

不用被眼前的短期收支束縛，可把眼光放長遠、長期投資。不畏失敗、迅速決策，也是散戶獨有的優勢。例如，如果投資人發現剛買進的個股，已經無法照著原本的預測走，專業機構投資人即使覺得「現在應該賣出！」也無法在短短幾天內就賣，因為他得向出資人給個交代。

如果是散戶，所有買賣都自行負責，想買就買，想賣就賣，機動性十足。

專業機構投資人雖然有負責理財的基金經理人，但並非所有人都很懂全球股票和美股，以我這個熟知內情的人來說，甚至有些人一直以來只操作過日股，結果突然被調去負責全球股票或美股。

每一個散戶都是用自己的金融資產理財，自負全責的基金經理人。活用散戶優勢，同時累積理財經驗，投資績效可能更甚不熟悉該領域的基金經理人，或是 AI 理財。這是已經經過許多富豪實踐、證實的事，散戶也可以效法。

圖表 4-10 **專業機構投資人與散戶的差異**

專業機構
投資人

散戶

運用顧客的高額資金，限制重重

- 投資績效不好，資金就會流出，所以必須在一定期間內提高獲利。

- 選個股的自由度不高。

- 擁有豐富投資標的的相關資訊。

- 對市場很有影響力。

用自己的資金理財，靈活應變

- 沒有時間限制，可將眼光放長遠、做長期。

- 可集中投資在未來可期的個股。

- 可以操作連專業機構投資人難以出手的高風險個股。

- 可迅速決策。

四騎士太貴了，
你還有這些選擇

接下來終於要和大家介紹我推薦的全球前十大個股（見第 170 頁圖表 5-2）。這些都很適合作為金字塔保守型的投資標的。

兩大趨勢主題：社會基礎建設、貧富差距

全球投資人競相關注的全球股票，有一大半是在美國存託憑證上市，各國投資人能透過網路證券公司等買賣美股。

前言中也提到，美國存託憑證就是美國以外的企業，在美國證券交易市場發行，代表美國國外股票的交易憑證。嚴格來說美國存託憑證不是股票，但投資人的權利與一般股票基本相同（見第 169 頁圖表 5-1）。

前十大個股的業種不盡相同，卻有共同點：都和未來的世界經濟與社會中日益重要的兩大議題有關。

第一個議題是社會基礎建設。新冠疫情讓醫療與照護福祉、教育、公共服務、物流、超商和藥局等零售業必要行業工作者的重要性浮上檯面。而從事社會基礎建設的企業，在國際社會中，就和必要行業工作者一樣，與大家的生活必需品、資源、IT、保險等相關。不管未

來經濟社會如何變化，全球從事社會基礎建設的企業，其重要性與成長性今後勢必也不可動搖。

第二個議題就是富豪與窮人二極化的社會分化。1980 年代開始，全球財富開始明顯集中在富豪手上，目前據說全球前 1% 的超級富豪，持有全世界近四成（37.8%）的個人資產。

特別是在美國，富豪與窮人的收入和儲蓄，就像英文字母 K，「K 字經濟化」持續進展中。

拜登總統競選時，曾提出要強化中產階級的訴求，選後經過新冠疫情洗禮，貧富差距反而有增無減。戰後高度經濟成長期時被稱為「一億總中流社會」（按：日本 1960 年代出現的一種國民意識）的日本，也隨著高度成長期告終，泡沫經濟破滅，社會開始兩極化。

富豪、格差社會分別入選日本 2005 年和 2006 年的「新語、流行語大獎」前 10 名。2003 年，「年收入 300 萬日圓」也闖入前 10 名。2022 年，一本以《年收入 200 萬日圓過富裕生活》為題的書籍，更是引起兩極化的討論。

貧富兩極化社會絕不是一件好事，但我想，今後為富豪提供奢華商品服務的事業，還是會繼續擴大，所以

我根據這兩大議題，一一為大家介紹我推薦給富豪的投資全球標的。

圖表 5-1　美國存託憑證的架構

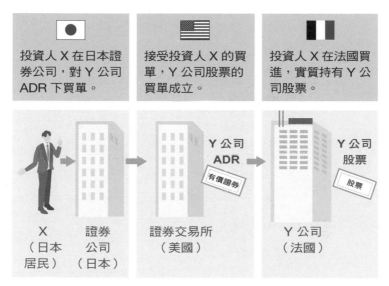

日本國內的證券公司根據投資人 X 的買單，向美國下單。

在 Y 公司所在地（法國）買進，實質持有 Y 公司股票。

圖表 5-2　**10 檔全球投資標的**

美股代號	證券名稱	股價（ADR）	市值（百萬美元）	業種	國家
LVMUY	路威酩軒集團	181.46 美元	460.68	一般消費品	法國
RIO	力拓集團	62.27 美元	103.38	原材料	英國
EADSY	空中巴士公司	43.04 美元	136.32	資本財、服務	法國
BTI	英美菸草公司	29.55 美元	66.04	生活必需品	英國
INFY	印福思科技	19.33 美元	80.26	資訊技術	印度
SQM	智利化工礦業	46.43 美元	13.37	原材料	智利
TSMC	台積電	141.57 美元	773.90	資訊科技	臺灣
MURGY	慕尼黑再保險	46.98 美元	64.98	金融	德國
GVDNY	奇華頓	85.19 美元	40.68	原材料	瑞士
RACE	法拉利	416.63 美元	75.99	一般消費品	義大利

＊資料截至 2024 年 3 月 7 日止。

01

路威酩軒集團（法國）

（LVMH Moët Hennessy Louis Vuitton，美股
代號：LVMUY）

- 主要上市國：法國
- 交易所：美國場外交易所
- 業種：一般消費品
- 股價（ADR）：181.46 美元
- 市值（百萬美元）：460.68
- 營收年平均成長率（5 年）：12.97%
- 營業利益年平均成長率（5 年）：17.94%
- EPS 年平均成長率（5 年）：19.19%
- PER：27.65
- PBR：6.72
- ROE：26.13
- 預估殖利率：1.50%

＊資料截至 2024 年 3 月 7 日止。資料來源：晨星網站。

企業概要：

以法國為據點的精品品牌公司。旗下有葡萄酒、蒸餾酒、時裝、皮革製品、香水、化妝品、鐘錶、寶石、專賣店及其他事業等 6 個業種，主要持有品牌如下：

葡萄酒、蒸餾酒：酩悅香檳（Moët & Chandon）、庫克香檳（Champagne Krug）、凱歌香檳（Veuve Clicquot）、軒尼詩（Hennessy）、伊更堡（Château d'Yquem）。

時裝、皮革製品：路易威登（Louis Vuitton）、迪奧（Dior）、紀梵希（Givenchy）。

香水、化妝品：貝玲妃（Benefit）、MAKE UP FOR EVER。

鐘錶、寶石：泰格豪雅（TAG Heuer）、宇舶（Hublot）、真力時（Zenith）、寶格麗（Bulgari）、尚美巴黎（Chaumet）、斐登（FRED）。

專賣店：DFS、絲芙蘭（Sephora）。

其他事業則是生活風格以及文化藝術品牌。

路威酩軒集團受惠於全球財富兩極化、富豪增加，旗下高端精品品牌可望持續成長。或許大家覺得很意外，美國富豪人數最多，卻沒有像路威酩軒集團這樣的

企業。此集團甚至在 2021 年斥資 158 億美元，收購美國珠寶飾品知名品牌蒂芙尼（Tiffany）。

新冠疫情期間，有些精品品牌營收一度下滑，但疫情過後，隨著經濟復甦與通膨，富豪的個人資產不減反增，精品業界的業績也呈 V 型反轉。

類似的企業還有瑞士的歷峰集團（Compagnie Financière Richemont SA），旗下有卡地亞（Cartier S.A.）、名士（Baume & Mercier）、伯爵（Piaget）、登喜路（Dunhill）；法國的開雲集團（Kering），旗下有寶緹嘉（Bottega Veneta）、古馳（Gucci）、聖羅蘭（Saint Laurent Paris）、寶詩龍（Boucheron）等，其中規模最大的仍屬路威酩軒集團。

再者，葡萄酒、蒸餾酒事業堅不可摧，因此較不容易受到景氣波動影響，股價不易下滑，這也是我給予好評的理由。

02

全球第二大礦商力拓集團（英國）

（Rio Tinto Plc，美股代號：RIO）

- 主要上市國：英國
- 交易所：紐約證券交易所
- 業種：原材料
- 股價（ADR）：62.27 美元
- 市值（百萬美元）：103.38
- 營收年平均成長率（5 年）：5.93%
- 營業利益年平均成長率（5 年）：4.46%
- EPS 年平均成長率（5 年）：-4.78%
- PER：10.52
- PBR：1.93
- ROE：19.20
- 預估殖利率：6.20%

＊資料截至 2024 年 3 月 7 日止。資料來源：晨星網站。

企業概要：

以英國為據點的礦業金屬公司。經營澳洲西部皮爾布拉區（Pilbara）的 16 座礦山網路、4 個港灣大樓、1,700 公里長的鐵路網，與相關基礎設施的鐵礦資產整合投資組合。鋁事業則在鋁土礦礦山開採，經營氧化鋁精煉所、鋁煉製所。鋁土礦礦山位於澳洲、巴西（Brasil）、幾內亞（Guinea）。銅事業則從事銅、金、銀、鉬（音同目）、其他副產品的開採與精煉，並參與西曼杜（Simandou）鐵礦專案從事探勘活動。礦物事業則和加拿大鐵礦公司聯手產銷硼酸鹽（Borate）、二氧化鈦（Titanium dioxide）原料等產品，也從事鑽石開採、鑑別、行銷。

這家公司並未從事以一般消費者為對象的事業，所以我想各位都是第一次聽到，可是，在全球投資的世界中，力拓可是無人不知、無人不曉的資源巨擘，是超有名的績優股。

所謂資源巨擘，指的就是掌握鐵礦、鋁土礦（鋁的原料）、鈾、黃金等貴金屬、鑽石等資源的開採、精煉、產品化等權益的巨大企業。全球公認的四大資源巨擘分別是力拓集團、必和必拓（BHP Group Limited）、

英美資源（Anglo American plc）、淡水河谷（Vale S.A.），其中規模最大的就是力拓集團。

日本的綜合商社雖然掌握了一部分海外礦山的權益，但這些權益的最終管理者仍是資源巨擘。美國也有自由港麥克莫蘭銅金公司（Freeport-McMoRan Inc.）等企業，在銅和鉬等資源有優勢，但和力拓比起來，仍是小兒科。

相較於其他資源巨擘，力拓集團更容易受惠於中國和印度的經濟成長，這是這檔個股的優點。這些國家的經濟今後仍會持續成長。只要電信網路普及，銅的需求還會增加，新建鐵路則需要鐵礦石，住宅增加的話，鋁等需求也會提升，而這些都是力拓集團的強項。

除此之外，力拓集團也領先同業，著手礦山作業自動化，參與蒙古國（Mongolia）史上最大經濟事業的奧尤陶勒蓋（Oyu Tolgoi）礦場開發等，足以突顯該公司在管理方面的先見之明。

能在資源領域和力拓集團一爭高下的是必和必拓（BHP Group Limited）。單就規模來看，必和必拓比較大，可是事業中心偏重澳洲，而且在美國發展的頁岩氣事業，及加拿大的碳酸鉀（肥料）事業，皆以失敗作

收，給人管理不善的印象。

　　股利收益率高，是因為銅等資源的國際價格上漲，以至於從 **2019** 年以來，持續發放特殊股利的緣故。

03

空中巴士公司（法國）

（Airbus SE，美股代號：EADSY）

- 總部：法國
- 交易所：美國場外交易所
- 業種：資本財、服務
- 最近股價（ADR）：43.04 美元
- 市值（百萬美元）：136.32
- 營收年平均成長率（5 年）：-2.52%
- 營業利益年平均成長率（5 年）：17.34%
- EPS 年平均成長率（5 年）：7.81%
- PER：31.76
- PBR：8.41
- ROE：37.89
- 預估殖利率：1.15%

＊資料截至 2024 年 3 月 7 日止。資料來源：晨星網站。

企業概要：

以荷蘭為據點的航太國防產業公司，由三大事業組成。空中巴士事業負責民用飛機、飛機零件的開發、製造、行銷、銷售、飛機改造及相關服務。空中巴士直升機事業提供民用、軍用直升機的開發、製造、行銷、銷售、直升機相關服務。空中巴士國防航太事業則負責軍用戰鬥機、製造訓練用飛機、國防用電子機器、資安市場解決方案的提供、飛彈的製造銷售。

說到兩大飛機製造商，大家都知道空中巴士和波音。特別是兩大廠商擅長的大型客機，是零件總數超過兩百萬的極複雜產品（汽車零件總數約 10 萬），因此進入門檻極高，二強之爭今後仍將持續一段時間。

在日本，波音公司的知名度或許比較高，可是1999 年，空中巴士訂單數量首度超越波音，之後兩者不斷持續競爭。大多數日本人不論是搭乘國內線或國外線，都習慣搭乘有兩條通道、座位數 230 個以上的廣體客機。可是，全球對窄體客機的需求越來越高（只有一條通道，座位數 100～230 個左右），順帶一提，一條通道且座位數不到 100 個的飛機，稱為「區域航線客機」（Regional airliner）。

　　非洲等新興國家、廉價航空、連接國內中規模都市之間的需求，都是窄體客機的舞臺。窄體客機的駕駛艙更為數位化，容易駕駛，整體油耗表現也優於波音，因此越來越多航空公司選擇空中巴士，特別是空中巴士A320 系列，更是訂單超過 15,000 架的超級熱門機種。與之對抗的波音最新機種——波音 737MAX，卻連續發生墜機事件，信用掃地，也影響到該公司的業績。

　　空中巴士不只載人。隨著物品全球化，利用飛機的國際物流需求日益增加，空中巴士的成長性應該只會更高。此外，該公司也有兩成以上的營收來自航太與軍事領域，直升機事業也素有所長。

04

英美菸草公司（英國）

（British American Tobacco plc.，美股代號：
BTI）

- 主要上市國：英國
- 交易所：紐約證券交易所
- 業種：生活必需品
- 股價（ADR）：29.55 美元
- 市值（百萬美元）：66.04
- 營收年平均成長率（5 年）：2.18%
- 營業利益年平均成長率（5 年）：18.75%
- EPS 年平均成長率（5 年）：-30.73%
- PER：6.29
- PBR：0.74
- ROE：-22.53
- 預估殖利率：9.83%

＊資料截至 2024 年 3 月 7 日止。資料來源：晨星網站。

企業概要：

以英國為根據地的香菸、尼古丁產品的跨類別消費品製造廠的持股公司。

除了傳統香菸事業，其為了建構香菸、尼古丁等投資組合而投資如蒸氣電子菸、加熱菸、口服菸等。管理全球統一的供應鏈，銷售給全球零售商。事業分布於美國、亞太、中東、南北美、撒哈拉以南的非洲、歐洲、北非。最新口服菸產品包裝在白色小袋中，成分為尼古丁、水以及其他食品級成分。

我給予英美菸草公司高評價，是因為用現金流量折現法，將未來的企業價值換算成現值時，目前股價偏低，今後成長可期。其事業模式也非常穩固，每年都能創造自由現金流量，其他競爭對手難以進入這個領域，也是獲得高評價的原因之一。

受到健康意識高漲、廣告受限的影響，全球吸菸人口有減少的趨勢，但即使如此，仍有 10 億以上的人會吸菸，特別是非洲等地的新興國家和伊斯蘭教國家，吸菸者占比仍然很高。

此外，也有預測指出，全球人口在 2050 年將達 100 億人，所以吸菸人口、吸菸量可能會增加的看法，

也並非空穴來風。

根據美國市調公司 Report Ocean 的調查顯示，2021年到 2027 年的香菸市場規模年平均成長率為 6.7％，2027 年預估市場規模可達 2,628 億美元。此外，大麻（marijuana）的全球吸食人口也日益增加，泰國政府領先亞洲各國，讓家庭種植大麻合法化（仍禁止在公共場所吸食）的新聞，也蔚為話題，日本也有醫療用大麻即將解禁的風聲。

英美菸草公司並未銷售大麻，但香菸和大麻已開始滲透到餐飲市場，意思是，隨著含大麻成分的飲料和食品普及，消費增加，連帶大麻的消費也會跟著提升。美國波士頓啤酒公司（Boston Beer）、可口可樂公司等，都已著手開發含大麻的飲料。

從全球市占率來看，英美菸草公司僅次於中國的中國菸草總公司、美國的菲利普莫里斯國際，位居全球第3，但以該公司和利害關係人一起推動實現永續社會的實績，以及創造高現金流量的經營能力，從這兩個觀點來看，我認為英美菸草今後仍能在全球市場持續發揮影響力。

05

印福思科技（印度）

（Infosys，美股代號：INFY）

- 主要上市國：印度
- 交易所：紐約證券交易所
- 業種：資訊技術
- 股價（ADR）：19.33 美元
- 市值（百萬美元）：80.26
- 營收年平均成長率（5 年）：10.73%
- 營業利益年平均成長率（5 年）：7.66%
- EPS 年平均成長率（5 年）：5.24%
- PER：27.23
- PBR：8.32
- ROE：31.76
- 預估殖利率：2.22%

＊資料截至 2024 年 3 月 7 日止。資料來源：晨星網站。

企業概要：

諮詢顧問、科技、外包、次世代數位服務的公司。從事金融服務、保險、製造業、零售、消費者產品、物流、能源、公益事業、資源、服務、溝通、電信 OEM（Original Equipment Manufacturer，按：指原廠委託製造代工）、媒體、高科技、生命科學、健康保健等事業。核心事業為應用管理、獨家應用開發、獨立查證解決方案、產品工程與管理、基礎設施管理、傳統娛樂應用導入／支援與整合服務。

印福思科技是全球頂尖軟體企業。1981 年創業，1999 年成為首家在美國那斯達克上市的印度企業。

截至 2022 年，印度人口為 14 億 1,200 萬人，已經有人預測 2023 年，印度將超越中國，成為全球人口最多的國家。印度相較於日本，年輕人口占比高（日本平均年齡為 48.4 歲，印度則為 28.4 歲，比日本年輕 20 歲），又因過去曾是英國殖民地，會講英語的人很多，也擅長程式設計等理工數學科。

全世界正要 IT 化，其中不可或缺的系統工程師（SE）正面臨搶人大戰。在日本，要僱用有一定能力的 SE，年薪沒有 1,000 萬日圓左右幾乎聘不到。為填補全

球 IT 人才不足的缺口，印福思科技活用印度這個國家的特性，以滿足全球顧客的需求。

對散戶來說，可能很少聽過這一檔個股，但大家其實可能都在不知不覺中，使用了印福思科技的軟體。就像 iPhone 的主要零組件，幾乎都來自日本和韓國一樣，印福思科技透過 OEM 服務，提供在軟體內運作的商業應用程式。

隨著 IT 化進展，全球應該會有越來越多企業將IT領域的後勤部門，委託給像印福思科技這樣的印度企業。印福思科技的據點遍及全球，包含日本在內，以成本低廉的業務轉型外包（Business Transformation Outsourcing，簡稱 BTO）形式，提供軟體寫好後的維修售後服務、作業外包等服務。

類似的全球企業還有德國思愛普（SAP），但他們與印福思科技不同的地方在於沒有 OEM 的商業模式。量子電腦等最尖端的 IT 領域，有像 IBM 這種略為領先的美國企業。可是不論在哪個時代，都需要支援最尖端科技的幕後推手，在這當中，印福思科技可說是可持續發揮獨有影響力的企業，因此我給予高度評價。

06

智利化工礦業（智利）

（SociedadQuímicay Minera de Chile，美股代
號：SQM）

- 主要上市國：智利
- 交易所：紐約證券交易所
- 業種：原材料
- 股價（ADR）：46.43 美元
- 市值（百萬美元）：13.37
- 營收年平均成長率（5 年）：26.94%
- 營業利益年平均成長率（5 年）：35.04%
- EPS 年平均成長率（5 年）：33.54%
- PER：6.59
- PBR：2.40
- ROE：38.60
- 預估殖利率：10.82%

＊資料截至 2024 年 3 月 7 日止。資料來源：晨星網站。

企業概要：

以智利為根據地的特殊植物營養素、化學產品廠商。特殊植物營養素事業生產有機肥料與營養溶液，碘事業萃取碘和碘誘導體，鋰事業主要生產充電電池，工業用化學品事業則生產硝酸鈉（Sodium nitrate）、硝酸鉀（Potassium nitrate）、硼酸（Boric acid）等化學產品。鉀事業生產氯化鉀（Potassium chloride）和硫酸鉀（Potassium sulfate）。其他產品服務事業則提供其他事業的支援。

對一般大眾來說，這家公司的知名度也不高，是內行人才知道的個股。

最早開始聽到有人推薦這檔個股，已經是 10 年前的事了，但這家公司開始變有名，卻是近 1 年左右的事，其成名契機則是全球為實現「零碳」社會，導致電動車需求高漲。

電動車現在用的是鋰電池，而智利化工礦業，就是生產關鍵物質鋰的公司，智利國土上的鹽湖，其中便蘊藏著豐富的鋰。

智利化工礦業原本的主力事業是肥料，不過因為汽車業界的典範轉移（paradigm shift，按：指在信念、價

值或方法上的轉變過程），由內燃機（按：一種動力機械，透過燃燒燃料〔柴油、汽油〕，將燃料的化學能轉化動能）轉移到馬達驅動，讓鋰這種原材料成為矚目焦點，也為該公司確立了有力個股的地位。

這家公司的股價已來到極高水準，但根據 2022 年 12 月即將發布的業績估算，本益比為 20 倍左右，還很難說股價已經過高，未來應該還有成長的空間。

以日股來說，本益比 20 倍的個股會被投資人認為股價偏高，但全球股票成長力道強勁，很多個股即使如此，也不見得已達到過高價格。

07

台積電（臺灣）

（美股代號：TSMC）

- 主要上市國：臺灣
- 交易所：紐約證券交易所
- 業種：資訊技術
- 股價（ADR）：141.57 美元
- 市值（百萬美元）：773.90
- 營收年平均成長率（5 年）：18.29%
- 營業利益年平均成長率（5 年）：23.73%
- EPS 年平均成長率（5 年）：23.55%
- PER：27.27
- PBR：6.52
- ROE：28.66
- 預估殖利率：1.30%

＊資料截至 2024 年 3 月 7 日止。資料來源：晨星網站。

企業概要：

臺灣的積體電路、半導體產品的產銷公司。提供積體電路及其他半導體元件的製造、銷售、封裝測試、光罩製造、電腦支援設計服務。用於電腦及其周邊產品、資訊應用、有線無線通訊系統、工業機器、數位視聽產品等家電產品、遊戲機、數位電視、數位相機。此外也開發出五奈米製程技術、光罩技術、互補型金氧半導體（CMOS）影像感測元件技術、三維積體電路、系統級晶片技術等。產銷到美國、亞洲、歐洲。

半導體被稱為產業米糧已久，物聯網（IoT）更是推升了半導體需求。受新冠疫情影響及隨之而來的中國封城，全球陷入半導體不足的窘境，日本的空調、洗衣機、熱水器等產品更因此缺貨，豐田汽車等汽車大廠產線停擺，這些都是大家記憶猶新的事情。

隨著智慧型手機 5G、6G 化、汽車電動化，感應人體、溫溼度等的感測器技術，將伺服器分散配置在終端裝置附近的邊緣運算（按：一種運算架構，過程中盡可能接近資料來源以減少延遲和頻寬使用）等發展，半導體活躍的地方越來越多。還有報告指出未來數年，網路裝置的數量可能成長 90% 以上。當萬物聯網（IoE）成

為現實，所有物品可能都會裝上半導體。因應這樣的半導體需求成長的公司，就是全球最大的半導體代工製造企業（晶圓代工廠）台積電。

在技術改革日新月異的半導體製造業中，投資工廠和製造裝置常常伴隨巨大風險。專注於半導體設計開發的 IC 設計（無工廠）企業應運而生。美國高通（Qualcomm）、博通（Broadcom）、輝達（NVIDIA）等公司的價值越來越高。而台積電，就接受這些 IC 設計公司委託，依照他們的要求，客製半導體。

如同公司名稱所示，總部雖然在臺灣，但也在美國等海外各地增建工廠。在日本，台積電也和索尼、電裝（DENSO CORPORATION）合資成立子公司日本先進半導體製造（JASM）。總投資金額高達 86 億美元（其中據說包含日本政府提供的 4,760 億日圓的最高補助），在熊本縣建設新工廠。預計 2024 年 12 月開始生產。

台積電是全球市值最高的半導體企業，股價也已來到 141.57 美元（截至 2024 年 3 月 7 日止），不過隨著全球人口增加，半導體需求也會進一步成長，短期內應該還是有超越全球 GDP 成長率的力道，而這種業績的成長空間，還未充分反應在股價上。

08

慕尼黑再保險（德國）

（Munich Re Group，美股代號：MURGY）

- 主要上市國：德國
- 交易所：美國場外交易
- 業種：金融
- 股價（ADR）：46.98 美元
- 市值（百萬美元）：64.98
- 營收年平均成長率（5 年）：4.35%
- 營業利益年平均淨利率（5 年）：55.71%
- EPS 年平均成長率（5 年）：58.79%
- PER：11.87
- PBR：2.20
- ROE：11.72
- 預估殖利率：2.66%

＊資料截至 2024 年 3 月 7 日止。資料來源：晨星網站。

企業概要：

以德國為根據地的再保險與保險事業公司。

由再保險、直接保險、慕尼黑健康資產管理業務組成。再保險事業透過壽險部門、歐洲／中南美部門、德國／亞太／非洲部門、專業／金融風險部門，以及世界顧客／北美部門發展經營。提供傳統的再保險商品到風險假設解決方案等一系列商品。慕尼黑健康資產管理業務，除了國際健康再保險事業、德國以外的健康直接保險事業外，還提供風險管理服務。

說到基礎建設，很多人想到的是水、電、瓦斯等，其實再保險（Reinsurance）也是重要的社會基礎建設之一。電視上幾乎都會看到保險的廣告，包含產險、醫療保險和壽險，其實產險公司和壽險公司為了分散保險契約的風險，也會投保「保險的保險」，這就是再保險。

全球再保險領域的龍頭老大，就是慕尼黑再保險公司。2020 年，慕尼黑再保險公司的全球市占率高居第1，達 13.2％。第 2 名為市占率 10.7％ 的瑞士再保險公司（Swiss Re），第 3 名則是 8.7％ 的漢諾瓦再保險公司（Hannover Rück）。不只是規模，慕尼黑再保險公司連股價都比其他同業更亮眼。

　　日本知名度最高的再保險公司，則是英國勞合社（Lloyd's of London），但該公司的全球市占率只有 5%左右。

　　慕尼黑再保險公司會公布全球主要都市的災害危險度指數，過去東京曾高居全球第一危險的都市，這件事在日本媒體上引起一陣不小的風波。此外，根據該公司公開的資料顯示，2016 年，熊本地震在當年度發生的天災當中，理賠金額全球第一。

　　日本雖然發生大地震或海嘯等風險極高，卻沒有可以和歐洲再保險公司匹敵的類似大企業，這一點美國也一樣。保險業的頂尖企業，總部都設在德國和瑞士等歐洲地區，為什麼？原因出自金融相關制度和法律不同。

　　不論是美國或日本，都採取不得兼營銀行和證券公司的「銀證分離」政策。然而，歐洲（特別是德國和法國）傳統以來都採取銀行與證券合而為一的全能銀行（Universal Bank）。

　　為了提供保險的保險，公司會承受許多風險，當然要有相對應的資產規模。在全能銀行的制度下，事業體可以做得更大，也更能承受較高風險，所以容易發展再保險事業（就是所謂的活用資產負債表的事業模式）。

這事業涉及到國家制度，進入門檻也很高，我認為今後慕尼黑再保險公司的優勢也不會改變。

09

香水生產商奇華頓
（瑞士）

（Givaudan，美股代號：GVDNY）

- 主要上市國：瑞士
- 交易所：美國場外交易
- 業種：原材料
- 股價（ADR）：85.19 美元
- 市值（百萬美元）：40.68
- 營收年平均成長率（5 年）：4.58%
- 營業利益年平均成長率（5 年）：4.81%
- EPS 年平均成長率（5 年）：6.22%
- PER：39.69
- PBR：8.27
- ROE：21.71
- 預估殖利率1.79%

＊資料截至 2024 年 3 月 7 日止。資料來源：晨星網站。

企業概要：

以瑞士為根據地的香精與香料公司。香精事業製造、銷售香精，事業範圍遍及高級香精、包含個人護理、髮膚護理、家用護理、口腔護理在內的消費品，香精原料、化妝品事業。香料事業則製造、銷售香料，用於無酒精飲料、水果果汁、含即溶飲品的香料飲料、冰淇淋、優格、甜點等乳製品，湯品、醬汁等鹹點、零食事業等。

瑞士是全球企業的寶庫。這個國家人口 867 萬，面積和九州差不多大，內需不振，只能靠卓越的品牌策略，和高附加價值策略提高競爭力，在全球舞臺尋找活路。奇華頓便是這樣一家來自瑞士的香料（香精與香料）全球企業。

這家公司歷史悠久，創業已超過 250 年，在香料領域是全球第一，其中我特別關注，提供食物、飲料美味風味的香料領域。腦科學研究顯示，大腦感受到的味道中，約有兩成來自舌頭，剩下八成則來自香料。

據說剉冰上的糖漿，味道吃起來差不多，所以人是靠香料和顏色來分辨是草莓還是哈蜜瓜口味。感冒時吃到再喜歡的食物也不好吃，是因為嗅覺變差了，新冠疫

情也有嗅覺麻痺、吃東西沒味道的後遺症。根據這些科學事實可以得知，決定食物、飲料美味與否的關鍵，其實是香料。

每個人認為的好香味各有不同，飲食文化的差異也會有微妙變化，而因應個人與地區狀況，在全球提供微調後的各種香料，就是奇華頓的本事。

隨著全球人口增加，女性進入社會，能輕鬆品嘗的包裝食品需求水漲船高。以先進各國為主，不斷拓展開來的都市化、單身化、高齡化等趨勢，似乎也推升了包裝食品的需求。

想讓包裝食品更美味，關鍵在於香料，而這也是奇華頓的成長動能。與飲食相關的瑞士企業，除了奇華頓還有雀巢（Nestle）。雀巢是全球最大的食品飲料企業，市值是奇華頓的 10 倍左右。在食品相關領域，投資人也可以選擇雀巢為標的。

10

法拉利（義大利）

（Ferrari，美股代號：RACE）

- 主要上市國：義大利
- 交易所：紐約證券交易所
- 業種：一般消費品
- 股價（ADR）：416.63 美元
- 市值（百萬美元）：75.99
- 營收年平均成長率（5 年）：11.79%
- 營業利益年平均成長率（5 年）：14.27%
- EPS 年平均成長率（5 年）：10.76%
- PER：55.80
- PBR：22.22
- ROE：44.29
- 預估殖利率：0.63%

＊資料截至 2024 年 3 月 7 日止。資料來源：晨星網站。

企業概要：

以義大利為根據地，設計、製造、銷售跑車的公司。經營法拉利品牌，製造限定系列，和全球唯一客製化汽車，也透過「法拉利金融服務」提供金融服務。經由代理店，產銷全球 60 個以上的市場。

法拉利是無人不知、無人不曉的超高級跑車製造商，也是全球名媛喜愛的超跑代名詞，客戶都是富豪，這也可說是受惠於社會分化發展的個股。

汽車大國美國並沒有像法拉利一樣，專注製造賽車和跑車的專業車廠，所以投資這樣的個股，也是全球投資的妙趣。

豐田汽車或福斯等大車廠原則上是大量生產，但法拉利截然不同，其獨家策略是限制一年生產的汽車輛數，以提高稀有性。豐田汽車一年生產 1,000 萬輛左右，法拉利卻只生產 1 萬輛。

雖然法拉利的車價因車款而異，但平均一輛要價 3,000 萬～4,000 萬日圓左右。這個價格是豐田或福斯的 10 倍以上，推估 1 輛車可創造 1,000 萬～2,000 萬日圓的獲利。所謂的「法拉利投資」也由此而生，富豪中也有人將法拉利的車子當成標的。

據說法拉利當中，稀有性特別高的限定車款，幾年後價格甚至可能躍升兩倍以上。只要小心駕駛搭乘（或乾脆只拿來欣賞），保管在自家車庫，就等於是在培育大筆資產。就算是貸款買車，順利的話，說不定獲取的利潤付完利息後還有餘。

法拉利也跟上電動車潮流，已宣布 2025 年將推出首輛全電動車款。再者，該公司還祭出方針，預定在 2030 年前，將提高電動車占比到四成，提高油電混合車占比到四成，傳統內燃機引擎的燃油車占比則降低到兩成。

就算投資人無法貸款買法拉利跑車，也仍能夠投資該公司的股票。

法拉利並未在美國存託憑證市場掛牌上市，該公司在義大利和美國的兩個股市上市，所以散戶可以在美國股市買到這檔，其股票代碼是「RACE」，這也是很有趣的談資。

找出自己的
勝利方程式

說到富豪，很多人的印象可能是一群把錢存在瑞士的私人銀行，支付管理費後就不管，把資產管理全權委託他人的人吧。

就我所知，只有少數人會把資產管理全權委託他人，更多人是請我們這種專業機構提供諮詢或建議，但他們最終還是會自行判斷要投資什麼、如何投資。特別是白手起家的富豪，他們常常是追求可控風險，與預期報酬最佳化的一群人。創業本身就有風險，所以他們可能因此也適合投資。

或許正是因為承擔風險、勇於持續創新挑戰，才能在高風險的創業這條路上抓住機會，步上成長軌道，成為富豪。就算是外包給人管理的外包派富豪，我覺得找到機會就問「現在有賺嗎？還是賠錢？為什麼會這樣？」的人，還是比完全不管的人還多。

投資其實就像一種競爭遊戲，考驗投資人如何在巧妙維持風險與報酬的平衡時，提高勝率。既然是遊戲，每個人便會有自己的策略和戰術，操作股票時，整理出適合自己的勝利方程式也很重要。

如果只是想到才投資，有人推薦就買進，不經自己大腦思考，那麼不論累積多少年的經驗，也不會有穩定

的勝利方程式，很難有所成長。

為什麼那檔個股好？為什麼那種投資方法好？**先假設再驗證，持續試錯，就可以培養自己選擇個股和投資方法的眼光，越來越接近行家。**成為這樣的聰明投資人，正是穩健增加資產所不可或缺的要素。

投資全球的富豪，很多都是這種聰明投資人。散戶要提高勝率、累積資產，也要以此為目標。

每週檢討一次投資組合

買進股票後，除非有大行情，不然就放著不管，這種做法稱為假期投資。意思是買了個股或 ETF 之後，就等著錢滾錢，自己跑去度假，放著不管也沒關係的方式。甚至還有都市傳說表示，投資績效最好的人，就是「忘了自己有投資的人」和「已經過世的人」。

不論這種說法是真是假，長期×複利理財，確實會有高績效，所以假期投資也不算是壞招。我也是日文版《可以有空去釣魚的投資組合》（*The Gone Fishin' Portfolio*）的監修者。這本書推薦 1 年只要花短短 20 分鐘更換個股進行再平衡，不過這種做法的績效，會比多

花一點時間臨機應變調整組合差。

話雖如此，也沒必要每天看好幾次手機，確認股市行情與觀察個股名單中的股價波動，這樣也大概無心力工作了吧。**我推薦每週一次，像是週六上午等時段，檢討自己的投資組合。**每週一次不會造成太大負擔，也不影響工作和生活，當然也可以用週五晚上或週日下午。

假期投資的壞例子，就是不久前企業年金主流的確定給付制（defined benefit plan，簡稱 DB），這是指在勞資雙方合意之下，決定員工可以領取的未來年金給付金額（以投資來說就是報酬），然後公司定期提撥所需金額。

這個系統的投資運用就是完全給別人處理，自己不用去想該如何投資。此制度由公司負責運用，如果績效不佳，無法支付應付的給付金額時，差額則由公司填補。員工只要全權交給公司（連每年一次的再平衡都不用），就可以得到事先談好的報酬，從這一點來看，此制度也具有假期投資的特性。然而，2021 年 12 月 10 日的日本經濟新聞報導顯示，根據調查，已經有半數上市公司的確定給付制企業年金，應支付給請領者的金額，已超出公司定期提撥的總金額，入不敷出，因此開

始有人想廢除此制度，甚至是廢除企業年金本身。

後來越來越多企業採用保證投資多少，以累積年金的「確定提撥制年金」（defined contribution plan，簡稱DC）。

在確定提撥制下，企業使用為員工提撥的年金，投資在員工自己選擇的金融商品上，而績效會影響年金給付金額，原則上 60 歲以後才能請領給付。在這個架構下，如果完全放手不管，就無法保證可獲得自己原本想要的報酬。

在這個時代，連企業年金都要遠離假期投資的想法，散戶投資全球時，更需要每週檢討一次自己的投資組合。

每週檢討一次即可，說的是金字塔底層基礎的保守型投資，因為這種投資重視股利，投資期間長，所以這種頻率即可。可是積極型不同，投資期間比保守型短，更需要掌握市況與股價變化的時機，以臨機應變。如果每週只檢討一次，反而可能錯過股價下跌，進入「跳樓大拍賣」的時機。

積極型要每日檢討一次，現在只要有手機，就可以輕鬆掌握業績和股價動向，各位可以利用午休或通勤時

間處理。

美股和在美國存託憑證市場交易的全球股票，股市開始時間為臺灣時間晚上 10 點半到隔天清晨 5 點（3月第 2 個週日，到 11 月第 1 個週日的夏令時間，交易時間則是晚上 9 點半到隔天清晨 4 點）。

如果要即時追蹤股價變化，投資人就必須過著日夜顛倒的日子，就算是專業操盤手，也很難一直過著這種生活，更別提白天還要工作的散戶。

生活在日本的富豪也很重視每日生活品質，他們不會為了投資，就破壞自己的生活節奏。就算不當一個日夜顛倒的即時觀察家，只要在白天確認半天前的市況和股價，至少不會錯過開始跳樓大跌價的警訊，然後再用限價單下單，應該就可以買到自己原已鎖定的標的。

話雖如此，投資人也不用把「積極型一定要每天檢討一次市況，和口袋個股的股價」當成義務。同理，保守型也不需要每週必定檢討一次。不只是理財，任何事只要心中有「我必須～」的想法，在那一瞬間，你心理就會覺得做那件事很累，如果當它是義務，碰到有某些原因讓你無法執行時，你就會很有壓力。

大家應該都有這類經驗，在壓力下做任何事都無法

持久。要讓理財規畫成為長期習慣，不要把檢討當成義務。累積經驗後，不知不覺間，它就會變成樂趣。自己預測企業的業績和股價，到底是猜對還是猜錯？在答案揭曉前，就像是在玩遊戲打怪一樣。

在理解定期檢討，比放著不管要好的前提下，在真正能享受投資樂趣之前，或許可以用輕鬆的心情，想看就看。如果連積極型都和保守型一樣，都停留在每週檢討一次的話，那時再來思考「到了這個階段，還是多看幾次比較好吧」也可以。

像千層派一樣累積經驗

留下檢討投資組合的時間後，剩下的時間該做些什麼？分析企業業績，因應市況和股價變動，判斷現在應該做什麼。

我再強調一次，金字塔型累積資產計畫的基金經理人就是你自己，你不能只聽別人的話去操作，必須有自己是基金經理人的自覺、主動操作的決心。

企業業績和股價會被許多因素影響，有些是總體因素，如新冠疫情或俄羅斯入侵烏克蘭等，也有些是個股

本身的個體因素，例如新商品銷售不佳、經營者爆出醜聞等。

　　長期×複利理財是鐵一般的原則，所以我不建議大家只看到一點業績波動或股價變化，就立刻買賣股票，不過在出現重大變化的時間點，就必須再平衡投資組合，更換資產。唯有再平衡，才能期待保守型有 10%～12% 的年平均投資報酬率，積極型投資有 10%～20% 的年平均投資報酬率。

　　此時選定個股，決定何時買進的入口策略很重要，但何時、如何處理手中個股的出口計畫也很關鍵。舉例來說，假設口袋個股，股價「跌跌不休」，已經創今年新低。此時應該如何行動？如果你覺得還會再跌，應該就會暫時觀望，不出手買進，或者也有人會根據這檔個股的業績與實力，覺得它是被超賣，因此判斷立刻進場。

　　有關買賣股票的時機，俗話說：「當你覺得該出手，通常時機已過；當你覺得不能出手，便是最佳時機。」意思是，當你覺得股價已經跌到谷底，其實通常還沒見底；當你覺得還會再跌時，通常已經跌到底了。

　　買在最低點，賣在最高點，是最有效率的投資，但

老是想如此，很不切實際，因為這個時機只有天知道，有句股市名言說：「別太擔心錯過底部或頭部。」意思是即使是專業投資人，一樣事後才知道。

　　不論做出什麼樣的判斷，都無法確定那一定是最好的，但就算做不出最佳判斷而後悔，也是一種經驗。買進就跌，賣出就漲……即使是這類失敗體驗，也是只有你才擁有的寶貴經歷。

　　你當然可以利用理財書籍或部落格學習，不過沒有任何學習能勝過親身體驗，而且伴隨著悔恨的記憶，你將永生難忘。記憶與實際體驗層層交疊，有如千層派，最終讓散戶成長茁壯。

　　全球股票也好，美股也罷，長期來看上漲可期，所以長久持續下去，應該就會獲得成果。只要遵守只做現物交易，每檔個股的投資金額，控制在全體的 4% 以內，就算是操作股票，也可降低虧一屁股的風險。

不要購買中國股票

　　全球專業機構投資人當成基準的 MSCI 指數中，雖然有加入中國股票，但我仍不推薦自己的客戶買賣中國

個股。

投資一定有風險，但我認為中國股票的風險太大。有人預測中國的 GDP 即將在 2030 年超越美國，股票將來也可能持續創歷史新高，所以也有投資人看準這個未來和成長幅度，果敢投資，軟銀集團社長孫正義也是其中之一。

原本所謂的國家風險，指的是股票發行者（企業）的母國，和證券市場管轄國，因為政治、經濟、社會情勢的巨變，進而導致股價下跌、買賣受限，無法交割的風險。

日本也有大地震等國家風險，但由中國共產黨一黨獨裁的中國，一直存有政府的政策方針轉換、法律修正、新限制等，造成股票市場動盪的可能。而中國的上市公司，有股票集中在大股東身上的傾向，再者，大企業還會透過國營控股公司，讓中國政府間接持有股票，因此股價會受到中國政府的強烈影響。

2021 年中國電子商務龍頭老大，阿里巴巴集團控股公司創辦者，也是中國數一數二的大富豪馬雲，突然銷聲匿跡 3 個月，未出現在任何公眾場合，引發一場失蹤騷動。真相至今不明，不過有小道消息指出，因為馬

雲批判中國政府的金融政策,而且勢力太大,所以推測是被當局拘禁。發生在阿里巴巴身上的事,也很有可能發生在其他中國企業身上。

即使是居住在新加坡或馬來西亞的華人(華僑),因為近鄉偏好而投資中國股票的人應該也不多,這可能是考慮國家風險後的結果。

新加坡華人占總人口 75% 左右,但我和關係良好的新加坡金融分析師聊的時候,他們會提到印度股票和黃金,很少提到中國個股。

今後情勢仍不明朗,如果要降低風險,分散投資全球,我想將中國股票排除在標的外,會比較穩固。

綜觀全體資產,從分散投資的原則來看,投資也不應該偏重在全球股票,這是為了減輕若全球股票大跌,出現投資損失的風險。

日益增加的富豪們除了股票,還會分散投資日本國內外債券,或是不動產、黃金等大宗物資。

要分散投資到全球股票以外的標的時,ETF 也是不錯的工具。除了股票 ETF,也有和全球或美國等債券指數連動的海外債券型 ETF、和不動產共同基金指數連動的不動產 ETF,及黃金或天然資源價格或指數連動的商

品型 ETF 等。只要買進這些 ETF，就算不直接購買債券、不動產、黃金等，也會因為這些標的漲價，資產隨之增加。

在階段 1 閒置資金未滿 100 萬日圓的階段，「全球股票＋美股＋股票 ETF」的組合，也是分散風險的好選擇。然而進入階段 2 以後，就應該把股票以外的資產運用列入考量。

至於投資組合中，要有幾成股票以外的資產？則要看資產大小、風險承受度等個人狀況各自判斷。硬要說的話，資產規模越大，分散投資到股票以外的標的就越重要。

無論如何都想要某種參考指標的人，可以試著在階段 2 用閒置資金的 5％，階段 3 用閒置資金的 10％。事實上，我也會建議富豪將閒置資金的 5％～10％，投入 ETF 等標的。

後記

讓時間替你累積資產

　　日本公共年金的請領年齡一直往後延，今後對領取年金的人來說，大環境可能越來越嚴峻。

　　日本的少子高齡化已無法煞車，高齡化比率全球第一。日本經濟產業省「未來人才會議」試算，2050年，日本的工作年齡人口（15 歲～64 歲），只會剩下現在的三分之二。就算年金制度不破產，今後納稅人減少，靠年金生活的人增加，稍微想一下，大家便知道退休後不可能只依賴政府。

　　2020 年基因編輯技術「基因剪刀 CRISPR／Cas9」獲頒諾貝爾化學獎，這種技術可以用極高的精確度操作特定基因，被稱為「基因操作的革命」，可想而知，今後人類的平均壽命只會更長。可以請領年金的年齡越來越晚，壽命卻越來越長，也就是說，老後必要的資金必須靠自己主動準備。

工作賺來的薪水，除了生活必需花費外，撥一點來投資股票，以求靠中長期的時間來增加資產，讓時間成為你的夥伴，將複利的力量發揮到極限，這樣的投資運用最有效率。

本書也提到，愛因斯坦曾說過：「複利是人類最偉大的發明。了解的人用複利賺錢，不了解的人呆呆付利息。」本書正是要提示這種有效資產運用的最佳解答，也是我建議給富豪的資產運用方式。

1996 年，日本提倡的「日本版金融大改革」（Big Bang），促進日本的個人資產由儲蓄到投資，可是不同於歐美等國，日本人在學校沒有機會學習投資理財的機會，至今日本人仍有根深柢固的思想，認為「股票＝賭博」，因此即使在金融大改革後的現在，岸田文雄政權仍在高聲疾呼「要由儲蓄轉向投資」。

日本之所以遲遲無法轉變，我認為根本原因在於，社會缺乏資產運用的判斷基準，對不保本的資產運用風險認知不清。

本書介紹的金字塔型累積資產計畫，可以作為資產運用判斷基準的概念，這是由保守型、積極型、超積極型所構成的投資手法，大家務必利用自己閒置的資金加

以實踐。

　　個別的商品、服務與市場環境會有所變化，但本書的判斷基準長期可用。只要學會並實際操作，我相信大多數散戶都能享受到複利帶來的好處。

　　最後，我由衷希望本書能讓散戶過得更加幸福。

附錄

　　接下來會為各位介紹目前臺灣常見的 5 家國外券商：德美利證券（TD Ameritrade，簡稱 TD）、盈透證券（Interactive Brokers，簡稱 IB）、第一證券（Firstrade，簡稱 FT）、嘉信證券（Charles Schwab，簡稱 SCHW），以及近年受年輕人喜愛的 e 投睿（eToro）。

　　目前德美利證券、盈透證券與 e 投睿等三家券商皆提供投資人虛擬倉平臺（或稱「模擬交易」），讓尚未開戶的投資人可先練習、熟悉平臺操作，且虛擬倉的所有操作及報價都與真實狀況相同，並可將虛擬倉的帳戶資金設定為自己一開始想投入的資金，更貼近操作狀況。不過，尚未開戶前的虛擬帳號申請有其使用時間限制，開戶完成後就有永久的虛擬倉可進行大量練習。

圖表 7-1　券商優缺點大公開（★越多表越佳）

券商		德美利證券	盈透證券	第一證券	嘉信證券	e 投睿
開戶	門檻	O	O（以月費為資金門檻）	O	2.5 萬	O
	資料填寫／遞送便利性	★★★	★★★	★★★	★★★	★★★
	審核時間	1 個月	3 天	1～2 天	5 天	3～5 天
交易費	股票	O	最低 $1	O	O	O
	ETF	O	最低 $1	O	O	0.09%
	選擇權	O	最低 $1	O	O	X
出金	方式多寡	★★	★★	★★	★★	★★★
	手續費	$25	$10	$35	$25	$5
中文化	開戶／官網	★★★	★★★	★★★	★★★	★★★
	桌面／App下單	★★★	★★★	★★	★	★★
	客服	★★	★	★★★	★★	★★
商品多元性		★★★	★★★	★	★★	★
操作介面簡易度		★★★	★★	★★★	★★★	★★★
模擬交易（虛擬倉）		O	O	X	X	O
到價提醒通知		Email手機通知	Email手機通知	登入介面訊息中心	登入介面訊息中心	登入介面訊息中心
帳戶安全性／保障		★★★	★★★	★★★	★★★	★★
股息再投資計畫		O	O	O	O	X

單位：美元。　　　　　　　　　　　　　　　　　　（接下頁）

券商	德美利證券	盈透證券	第一證券	嘉信證券	e 投睿
年化融資利率（融資 1 萬）	9.5% 依帳戶資金調降	1.57%	8.75%	8.325%	8.39%
優點	1.交易平臺最優 2.相關費用友善 3.中文化友善度高 4.投資商品多元化 5.有虛擬倉 6.到價通知及交易以手機訊息通知，方便即時	1.投資商品多元化 2.有虛擬倉 3.融資利率最低	1.介面最簡單但功能少 2.中文客服免付費且24小時 3.開戶審核速度最快	有提款卡且優惠最好	1.介面簡單但功能少 2.開戶較簡單 3.有跟單服務 4.可用信用卡或Paypal入金／出金
缺點	1.客服回應速度慢 2.融資利率最高	1.須訂閱即時報價 2.有交易手續費 3.交易平臺不易上手 4.中文客服須撥打國際電話 5.中文介面待加強 6.有帳戶閒置費	1.出金手續費最為昂貴 2.交易商品種類較少 3.沒有虛擬倉	1.開戶門檻較高 2.無虛擬倉 3.中文介面有待加強	1.客服處理速度依客戶資金或知名度有差異 2.有帳戶閒置費 3.信用卡出金較慢，且有時無法成功

資料來源：《單親雙寶媽買美股，每月加薪3萬》。

以下以德美利證券的虛擬倉操作為例，等待練習完成、開戶審核通過，就可以入金開始交易了！

首先連結到德美利證券官網首頁（https://www.tdameritrade.com/zht），下載好 thinkorswim（簡稱 TOS）交易平台，即可於圖表上的價格顯示任意處點按滑鼠左鍵❶，或於 K 線圖中的任一處點按滑鼠右鍵❷，皆可出現「買入」（Buy）／「賣出」（SELL），如圖表 7-2 顯示；

圖表 7-2　股票買賣操作方式圖解

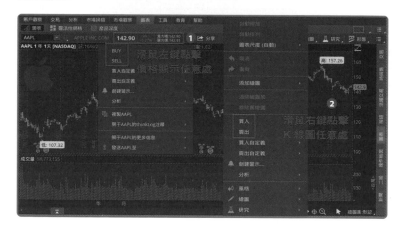

以買入股票為範例，點選「**買入**」，會出現訂單

確認對話框。資訊如圖表 7-3 所示。可在此看到佣金即
為手續費,透過德美利證券購買股票、ETF,手續費為
0。而購買力則會有 -$7,135 的影響,這裡購買力的計算
為券商經由個股波動與其他相關數據所得,無須過度了
解其計算公式。重要的是後續剩餘的**購買力**為多少,須
注意**不可低於 0**。

圖表 7-3　訂單確認對話框資訊說明

若要修改購買個股數量,或是買入價位等,可點選
「**編輯**」進入「訂單輸入工具」修改。

　　進入訂單輸入工具，可以看到幾個可編輯項目，包含簡單的買入／賣出（Side，如下頁圖表 7-4 ❶，買入訂單為綠色，賣出訂單為紅色）、數量（Qty，如下頁圖表 7-4 ❷）、個股代號（Symbol）、金融類型（Type）、價格（Price，如下頁圖表 7-4 ❸，可調整欲買入價位），以及訂單條件（Order，如下頁圖表 7-4 ❹）、有效期（TIF，如下頁圖表 7-4 ❺）。

　　訂單條件 ❹ 有數個選項可供選擇，常用的如下：

　　市價（MARKET，簡稱 MKT）：訂單送出即以當下市場價格買入，所以「有效期」欄位無法修正；比如市價 $134.72，即以 $134.72 直接買入。

　　限價（LIMIT）：優於某個價位才做買入／賣出，假設買入限價 $130，則在拉回 $130 才會買入。反之，若是賣出限價 $120，表示 $120 或以下才會賣出。使用時機多為進場單及停利單設定。

　　止損（STOP）：通常用於停損單的設定，假設買入後，止損設為 $100，價格跌至 $100 或 $100 以下立刻停損出場。這樣設單的好處是，萬一財報不佳或是大盤崩跌，突然一根跳空遠低於 $100（假設為 $80），就可以立刻 $80 賣出，便不會發生因為續跌造成無法出場

圖表 7-4　訂單編輯對話框說明

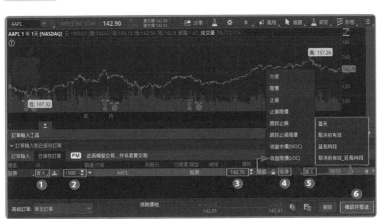

使虧損擴大的狀況。

　　止損限價（STOPLIMIT）：使用此設定會有兩個
欄位都要填入價位。這個設定為限定於某個價位（假設
$100）才能進／出場；若進場單為買入，使用止損限
價，則當股價高於或低於 $100 都不會成交，一定要在
股價為 $100 的條件才會買入，容易錯過進場點。

　　同理，如果停損單設於停損限價，則當股價一毫不
差的在 $100 才會停損，這對於跳空下跌時，容易遇到
續跌而無法出場，造成虧損擴大的狀況。所以請記得，
進場單可用限價或止損限價，停損單請使用止損做價位

設定。

　　至於「有效期」❺ 相對好理解，「有效期」顧名思義是訂單成立多久有效。選項有當天（DAY）、取消前有效（GTC，Good till cancel）、延長時段（EXT）以及取消前有效_延長時段（GTC_EXT）。

　　取消前有效：意即在投資人主動取消訂單前都是有效訂單，但最多 90 天內有效。

　　延長時段：非開盤時段（盤前盤後）也可交易。

　　取消前有效_延長時段：在主動取消訂單前的非開盤時段都是有效訂單。

　　完成訂單輸入後，按下「確認并發送」❻，便會再次回到「訂單確認對話框」（第 233 頁圖表 7-3），再次確認訂單無誤，並確認購買力後，即可按下「**發送**」，使訂單成立。

　　另一個可以進行買賣下單的窗格，就是「交易」，如下頁圖表 7-5。點選「賬戶觀察」（Monitor）旁的「**交易**」（**Trade**），顯示 AAPL 的所有報價，包含即時股價、成交量及選擇權。

　　若要買入（Buy），請點選**賣方價（Ask）**，意即股票持有者最低願意出售的價位，所以就是投資人可能

買進的最高價位。而買方價（Bid）為賣出或放空股票時使用，是投資人願意付出的最高價位。聽起來很饒舌，也很容易搞混，但無須擔心，如果仍是搞不清楚，可先任意點選，便會跳出「訂單輸入工具」。

不得不嘉許 TOS 平臺的貼心，**將「買入」統一設定為綠色、「賣出」操作設定為紅色**，所以若不小心點錯了，還可以藉由顏色區別，於「訂單輸入工具」的「市場方」進行修改即可。調整所需股數、價格、訂單條件及有效期後，按下「**確認並發送**」，跳出「訂單確認對話框」，同樣再次確認訂單無誤後，即可發送等待

圖表 7-5 交易窗格支下單操作介面

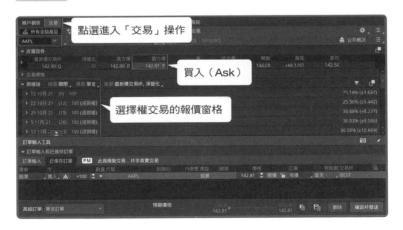

成交。

訂單發送後，可回到「賬戶觀察」（Monitor）→「活動和倉位」（Activity and Position）確認訂單是否發送成功（參見圖表 7-6）。若訂單已成交買入，則訂單會由「尚待執行訂單」（Working Orders）移至「已成交訂單」（Filled Orders），並可於下方倉位概覽（Position）欄位，看到數量（Qty）及進場價位（Trade Price），確認訂單已成交。

圖表 7-6　訂單成交確認及持倉狀況一覽

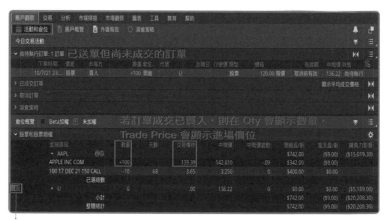

顯示目前這檔個股的預設操作（此處為買入 Buy）

＊以上資料來源皆出自：《單親雙寶媽買美股，每月加薪 3 萬》。

國家圖書館出版品預行編目（CIP）資料

25 萬就要開始全球投資：錯過 GAFA 四騎士的股
價大漲，下一步怎麼賺？日本牛津俱樂部富豪理財
首席策略師，推薦最該抱緊的超強股。／志村暢彥
著；李貞慧譯. -- 初版. -- 臺北市：大是文化有限公
司，2024.04
240 面；14.8×21 公分. --（Biz；452）
ISBN 978-626-7377-81-9（平裝）

1. CST：股票投資　2. CST：投資技術
3. CST：投資分析　4. CST：理財

563.53　　　　　　　　　　　　　112022428

Biz 452

25 萬就要開始全球投資

錯過 GAFA 四騎士的股價大漲，下一步怎麼賺？
日本牛津俱樂部富豪理財首席策略師，推薦最該抱緊的超強股。

作　　　者／志村暢彥
譯　　　者／李貞慧
責任編輯／林盈廷
校對編輯／楊皓
美術編輯／林彥君
副 主 編／蕭麗娟
副總編輯／顏惠君
總 編 輯／吳依瑋
發 行 人／徐仲秋
會計助理／李秀娟
會　　　計／許鳳雪
版權主任／劉宗德
版權經理／郝麗珍
行銷企劃／徐千晴
業務專員／馬絮盈、留婉茹
行銷、業務與網路書店總監／林裕安
總 經 理／陳絜吾

出 版 者／大是文化有限公司
　　　　　臺北市 100 衡陽路 7 號 8 樓
　　　　　編輯部電話：（02）23757911
　　　　　購書相關資訊請洽：（02）23757911 分機 122
　　　　　24小時讀者服務傳真：（02）23756999
　　　　　讀者服務 E-mail：dscsms28@gmail.com
　　　　　郵政劃撥帳號：19983366　戶名：大是文化有限公司

法律顧問／永然聯合法律事務所
香港發行／豐達出版發行有限公司 Rich Publishing & Distribution Ltd
　　　　　地址：香港柴灣永泰道 70 號柴灣工業城第 2 期 1805 室
　　　　　　　　Unit 1805, Ph. 2, Chai Wan Ind City, 70 Wing Tai Rd, Chai Wan, Hong Kong
　　　　　電話：21726513　傳真：21724355
　　　　　E-mail：cary@subseasy.com.hk

封面設計／陳䅈
內頁排版／顏麟驊
印　　　刷／鴻霖印刷傳媒股份有限公司

出版日期／2024 年 4 月初版
定　　　價／新臺幣 390 元（缺頁或裝訂錯誤的書，請寄回更換）
I S B N／978-626-7377-81-9
電子書ISBN／9786267377796（PDF）
　　　　　　9786267377802（EPUB）

※本書提供之方法與個股僅供參考，請讀者自行審慎評估投資風險。